기록관리자를 위한 전산시스템

Understanding Computers: An Overview for Records and Archives Staff

남성운 역 | 한국국가기록연구원 감수

진리탐구

● 발간사

지금으로부터 4년 전 한국국가기록연구원이 출범하였다. 지난 시간을 회고해보면 아쉬움도 있고 또 앞으로 해야할 일도 산적해 있다. 그러나 한편으로는 나름대로의 뿌듯함을 느끼기도 한다. 시민기록문화전, 기록문화시민강좌 개설, 심포지엄, 기록문화상 제정, 한국기록학회 조직, 월례발표회, 한국기록관리학교육원 개원 등등, 모두가 우리의 기록문화 발전에 초석이 될 것임은 분명하다.

연구원의 출범과도 무관치 않지만 우리의 기록문화에 또 하나의 이정표라고 할 수 있는 것은 기록물관리법령의 제정이다. 법령의 제정으로 이제 우리도 근대적 기록관리체제에 들어갔다고 말할 수 있게 되었다. 그러나 법령의 제정이 바로 실시로 이어지지는 않는다. 죽어 있는 법령이 얼마나 많은가. 새로운 법령이 제정되면 이에는 크고 작은 '저항과 편승'이 있기 마련이다. 새로운 기록관리법령에 대한 '저항'은 현재 법령상 존재해야할 자료관의 설치 실태만을 보아도 잘 알 수 있다. 새로운 법령에는 공공기록물은 전문가(기록관리전문요원, 아키비스트)가 관리하게 되어 있고 이들 전문가의 자격 요건도 규정되어 있다. 이에 몇 년도 안된 사이에 많은 대학에서 기록관리학 대학원과정이 신설되었다. 물론 모두가 기록관리분야 전반을 위해서는 발전적인 변화이다. 그러나 그 내실을 보면, 즉 교수, 교재, 참고도서, 실습실 등의 면에서 보면 부실하기 짝이 없는 경우도 있다. 이는 새로운 법령에 대한 '편승'이라고 할 수 있다.

그러나 '저항과 편승'을 탓하고만 있을 수는 없다. 사실 '저항과 편승'의 가장 큰 원인은 기록관리에 대한 이해의 부족일 것이다. 이를 위해 연구원은 과감히 ICA 총서시리즈를 번역하기로 결정하였다. 단순한 번역은 아니다. 권수로도 30권이 넘는다. 양도 양이거니와 여러 사람이 나누어 번역할 수밖에 없기에 통일성을 기하기가 무척 어려우리라 예상된다. 그럼에도 불구하고 한국 기록관리학의 기초를 놓는다는 심정으로 번역을 시작하였다.

본 총서시리즈는 국제기록관리재단(International Records Management Trust)과 ICA에서 공동으로 추진한 결과물로, 국제적으로 널리 이용될 수 있는 최선의 기록관리 업무 방식 도출을 목적으로 하였다. 또한 기록관리 전문가 외에도 체계적으로 기록학에 접근하지 못했던 사람들에게 학습모듈을 제공하려는 의도에서 만들어졌다. 이 때문에 기록관리시스템이 불충분하거나 적절한 기록관리 교재와 교육인프라가 결핍된 국가에게는 유용한 교재가 될 것이다.

기록관리 분야의 실무와 학문이 발전일로에 있는 우리 나라에서도 이 교재의 보급이 시급함은 물론이다. 앞으로 이 학습교재가 공공부문의 기록관리전문가를 위해서 뿐만 아니라 민간부문에서도, 그리고 아키비스트의 업무능력과 전문성을 높이는 데에서도 널리 활용되기를 바란다.

본인은 2000년 9월, 연구원을 대표하여 스페인 세빌리아에서 개최된 ICA총회에 참석하였다. 회의 규모의 크기에도 놀랐지만 개최국의 선진적 기록관리 및 보존에도 놀랐다. 아시아에서는 유일하게 1996년 중국의 북경에서 개최되었다고 하니 중국의 문화적 깊이를 보여주는 듯하다. 한국의 서울에서 ICA총회가 열릴 기록관리 선진국을 기대하며, 본 역서가 그런 기대에 일조하기를 바라마지 않는다.

본 역서를 내면서 감사드려야 할 분들이 있다. 먼저 한국국가기록연구원의 참뜻을 이해하여 저작권에 대한 비용을 과감히 포기해준 ICA 관계자 여러분들에게 감사의 뜻을 표하고자 한다. 또 상업성을 떠나 선뜻 출판을 맡아주신 진리탐구의 조현수 사장님 및 편집부 일동에게 진심으로 감사드린다. 마지막으로 그다지 좋지 못한 조건에도 불구하고 번역을 흔쾌히 맡아주신 번역자 여러분들에게 깊은 감사를 드린다.

김학준(한국국가기록연구원 원장)

김학준

『기록관리자를 위한 전산시스템(Understanding Computers : An Overview for Records and Archives Staff)』은 컴퓨터에 익숙하지 않은 기록관리자 및 기록물 관리 분야에 종사하는 사람들을 위한 것이다. 최근 정보통신의 발달에 따라 자연스럽게 기록관리 업무에 도입되고 있는 컴퓨터 및 주변 환경 등에 대한 몇몇 기본적인 개념들의 이해를 위해 그리고 전산화된 기록관리업무의 원활한 처리에 도움을 주고자 쓰여졌다. 또한 본 모듈은 업무상 사람들이 점점 더 자주 정보기술 전문가들과 함께 작업을 할 때 마주치게 될 주요 단어들을 설명하고 있다. 그리고 중요한 학술용어를 소개하고 정의를 제공하며, 어떻게 그 개념이 기록관리업무에 영향을 끼칠 수 있는가를 설명한다. 본 모듈은 컴퓨터에 대한 기초 입문수준에서 관련 정보를 제시하는 것이지 컴퓨터에 대한 총체적이고 완벽한 논리 및 논의사항을 제공하는 단계가 아님을 고려하기 바란다. 본 모듈은 이해를 바탕으로 컴퓨터 관련 전문서적들을 통해보다 깊고 전문적인 내용들은 습득하면 좋을 것이다.

본 모듈 각과의 내용을 간단하게 소개하면 다음과 같다.
제1과에서는 컴퓨터 작동 방법과 관련된 주요 개념들을 소개한다. 컴퓨터 관련 용어들을 설명하고, 컴퓨터의 기본적인 기능들을 설명한다.
제2과에서는 메인프레임(mainframe) 컴퓨팅, 네트워크(Intranet) 그리고 인터넷(Internet) 등 세 가지의 컴퓨팅 환경을 알아본다. 또한 메인프레임, 네트워크, 인터넷 작업을 어떻게 하는가에 관련된 주요 개념이 소개된다.
제3과에서는 독자들에게 특별히 사용될 수 있는 데이터베이스와 전자메일 등 두 가지의 응용소프트웨어를 알아본다. 그리고 데이터베이스와 전자메일을 가지고 작업을 하는 방법과 관련된 주요 개념들을 소개한다.
제4과에서는 앞에서 소개한 컴퓨터에 대한 기본적인 개념에 대한 이해를 바탕으로 다음 단계는 무엇을 할 것인가를 생각해보는 것이다.

이제는 컴퓨터가 각 가정에 필수품으로 자리잡고 있고, 인터넷을 통해서 다양하고 많은 정보를 접하고 일을 처리하는 정보화시대에 있다. 2002년 10월을 기준으로 우리나라의 초고속 인터넷 가입자가 일천만 명을 돌파했다는 보도되고 있는 이때 본 서가 번역되어 소개되는 것은 시기적으로 좀 늦은 감이 있다. 하지만 기록관리 분야에 종사하시는 분들이 컴퓨터 및 주변환경에 대한 기본적인 개념들을 이해하는데 그 나름대로 도움이 될 것으로 생각한다.

2002년 11월 15일
남 성 운

차례

표, 그림

기록관리자를 위한 전산시스템

여기서 소개하는 모듈은 다양한 수준으로 변화하는 컴퓨터의 이용에 관해 언급한 시리즈 중의 하나인 MPSR 모듈을 지원하기 위한 것으로서 고안되었다. 즉 기본적인 컴퓨터 개념들에 익숙하지 않은 사람들에게 친근함을 주는데 목표를 두고 있다. 이 모듈은 컴퓨터 기술에 관련된 개념들을 설명할 뿐만 아니라 학생들이 정보기술 사회에서 전문가들과 관계를 설정할 때 부딪힐지도 모르는 몇몇 주요 용어들에 대해서도 설명하고 있다.

컴퓨터에 대한 이해 : 『기록관리자를 위한 전산시스템(Understanding Computers: An Overview for Records and Archives Staff)』은 컴퓨터와 관련된 모듈『기록관리 전산화(Automating Record Services)』및『전자기록물관리(Managing Electronic Records)』를 읽기 전에 읽어야 한다. 왜냐하면 이 모듈들에서 사용되는 중요한 많은 기본 정보들이 여기서 소개되고, 거기에서는 이것들이 다시 설명되지 않기 때문이다.

『컴퓨터 이해하기』는 다음과 같이 5장으로 구성되어 있다.
     1과 : 컴퓨터 기술에 대한 소개
     2과 : 컴퓨터 환경
     3과 : 컴퓨터 응용
     4과 : 다음에는 무엇을 할 것인가?

목표와 성과

목표

이 모듈은 6가지 주요목표를 가지고 있다.
1. 컴퓨터 시스템의 주요 구성요소들에 대한 소개(하드웨어, 소프트웨어, 데이터)

2. 독자들의 컴퓨터 작동법 인지
3. 다양한 컴퓨팅 환경의 기본 개념 제시
4. 기술이 전자메일과 인터넷 활용을 통해 의사소통을 어떻게 향상시키고 있는지에 대한 폭넓은 관점 제공
5. 컴퓨터와 관련된 다양한 형태의 저장장치와 기록형식 및 방법들에 대한 논의
6. 전산화에 대해 보다 많은 정보를 얻는 방법

성과

독자가 이 모듈을 끝내면 다음 사항들을 이해할 수 있다.
1. 컴퓨터 시스템의 주요 구성요소들(하드웨어, 소프트웨어, 데이터)
2. 컴퓨터 작동법의 기본 사항들
3. 다양한 컴퓨팅 환경에 대한 기본 개념
4. 기술이 어떻게 의사소통을 향상시키는지
5. 이용 가능한 다양한 종류의 저장매체와 기록형식 및 방법들
6. 전산화에 대한 보다 많은 정보를 얻을 수 있는 곳

학습방법과 평가

4과로 구성된 이 모듈을 학습하는데 45시간이 걸린다. 다음과 같이 시간을 할당하여야 한다.

1과에 15시간
2과에 12시간
3과에 10시간
4과에 8시간

이 시간은 읽는데 걸리는 시간과 질문을 생각하는데 걸리는 시간을 고려한 것이다.
각 장의 마지막에는 주요 요점에 대한 요약이 있다. 보충자료에 대한 출전은 5장에서 제공할 것이다. 각 장에는 제시된 정보를 독자가 생각할 수 있도록 도움을 줄 연습문제들이 있다. 각 연습문제는 '자기평가'를 위한 과제이다; '정답'이나 '오답'은 있을 수 없다. 연습문

제는 오히려 여러분이 제시된 개념을 탐구하도록 장려하고 그리고 그 개념들을 여러분이 연구하거나 작업하는 환경에 연관시키도록 고안되었다. 만일 여러분이 이 모듈을 독자적으로 학습한다면 그리고 기록보존관리기관의 일원이 아니라면, 여러분은 가능하면 가정상황에서 연습문제를 해결하여야 한다. 만일 연습문제가 어떤 것에 대해 써보라고 한다면, 여러분은 이 개요와 요점을 지켜야 한다; 이것은 점수나 등급을 매기는 것이 아니다. 그리고 여러분은 학습한 정보를 이해하는데 필요하다고 느끼는 만큼 연습문제에 시간을 투자해야 한다. 각 장의 마지막에는 여러분의 학습을 평가하는데 도움을 줄 연습문제에 대한 조언이 있다.

각 장의 마지막 요약은 자기학습문제들이다. 이 자기학습문제들은 이 모듈에 등장한 데이터들을 복습하도록 고안되었다. 그것들은 등급을 매기거나 점수화하기 위해 만들어진 것이 아니다. 여러분은 느끼는 만큼 문제들을 해결할 것이고, 그것은 제시된 개념들을 이해하는데 도움이 될 것이다. 외부평가-이를테면 과제나 시험-는 이 모듈이 평점을 매기는 교육 프로그램의 일부가 될 때만 독립적으로 포함될 것이다.

추가자료

이 모듈은 기본적인 컴퓨터 개념을 논의한다. 그리고 여기 전달된 정보들을 이해하기 위해 문서과(records office), 자료관(records center), 기록관리기관(archival institution) 등에서 반드시 일할 필요는 없다. 그러나 이 모듈은 나중에 기록 문제를 토론하는데 중요한 개념들을 창출할 수 있게 되어 있고, 독자들이 이 강의를 통하여 일하는 것을 포함한 기록 관련문제들을 생각할 수 있게 되어있다. 다양한 연습문제는 여러분의 경험을 끌어내어 이 강의에서 제시된 정보와 그 경험들을 비교할 수 있게 할 것이다.

컴퓨터 기술 소개

이 장에서는 컴퓨터 작동 방법과 관련된 주요 개념들을 소개한다. 컴퓨터 관련 용어들을 설명하고, 컴퓨터의 기본적인 기능들을 설명한다. 특히, 다음과 같은 주제들을 다룬다.

- 컴퓨터는 무엇인가?
- 컴퓨터 구성요소들에는 무엇이 있는가?
- 컴퓨터는 어떻게 작동하는가?
- 소프트웨어는 어떻게 구동되는가?
- 컴퓨터는 정보를 어떻게 처리하는가?
- 컴퓨터 메모리는 어떻게 작동하는가?
- 데이터는 어떻게 저장하는가?
- 문서화(documentation)는 왜 중요한가?
- 바이러스는 무엇인가?

여기서 소개하는 강의내용은 전산화에 대한 기술적인 세부사항에 대하여 이해하기 쉽도록 설명을 제공하려는 의도가 아니라는 것을 주의하라. 정보는 여러분에게 주요한 컴퓨터 개념 소개와 전산화에 대한 개관을 제공하기 위해 제공된 것이다. 정보기술을 효과적으로 사용하기 위해 보통의 컴퓨터 사용자는 여기서 제공된 정보 이상을 알 필요는 없다.

1. 컴퓨터란 무엇인가?

> 컴퓨터는 사용자들이 정보를 빠르게 그리고 자동적으로
> 저장하고 처리할 수 있도록 해준다.

컴퓨터는 프로그램이 가능한 기계이다. 컴퓨터는 사용자들이 모든 종류의 정보를 저장할 수 있게 하고, 정보나 데이터들을 처리하고, 혹은 수치계산이나 단어조작과 같은 정보와 관련된 행동들을 수행한다.

컴퓨터: 정보를 받고 저장하고, 변화시키고 처리할 수 있는 기계

정보 : 통신되는 지식

데이터 : 컴퓨터 시스템에 의해 통신, 해석, 처리되기에 적합한 형태로 형식화된 정보 표현.[1]

컴퓨터는 비록 상당한 정도로 겹치는 부분이 있을 수 있지만 대개 크기나 전력에 의해 분류된다. 다음은 몇몇 다양한 유형의 컴퓨터에 대한 설명이다.

대형컴퓨터(Mainframe computers)는 크기가 크고 프로그램을 동시에 수행하는 것을 지원할 수 있는 강력한 멀티유저 컴퓨터이다. 즉 말하자면, 대형컴퓨터는 동시에 다양한 작업이나 프로세스를 수행할 수 있다. 대형컴퓨터는 동시에 수백 혹은 수천의 사용자들이 사용할 수 있다. 대형 기관에서 급여와 같은 대규모 프로세스를 수행하기 위해 대형컴퓨터를 사용할 수도 있다.

미니컴퓨터(Mini-computers)는 중간 크기의 다양한 작업을 처리하는 컴퓨터이다. 미니컴퓨터 역시 몇 가지 작업을 동시에 수행할 수 있고, 4명에서 200명까지 사용자를 동시에 지원할 수 있다. 최근 몇 년 동안에 미니컴퓨터와 소형 메인프레임과의 차이가 희미하게 되어가고 있다. 그 차이는 때때로 생산자가 기계를 어떻게 마케팅 하기를 원하는가에 달려 있다. 기관들은 적은 재정시스템에서 정보를 관리하거나 혹은 등록이나 적용에 관한 작은 규모의 정보 데이터베이스를 유지하는 일들에 미니컴퓨터를 이용할 수도 있다.

워크스테이션(Workstations)은 강력한 단일유저 컴퓨터이다. 워크스테이션은 대규모의 데이터를 저장하고 처리할 수 있는 능력을 갖고 있지만, 한번에 단지 한 사람에 의해서만 사용될 수 있다. 그러나 워크스테이션은 소위 사무실에서 직원들과 같은 몇몇 사람들이 서로 전자파일이나 데이터를 주고받을 수 있는 근거리 통신망(local area network)이라고 하는 컴퓨터 네트워크를 형성하여 서로 연결될 수 있다.

---

1) '원시데이터(raw data)'는 처리되지 않은 정보

컴퓨터 네트워크: 사용자 그룹이 정보를 공유하고 교환할 수 있
도록 통신망에 의해 서로 연결된 컴퓨터와 컴퓨터 주변장치들의 그룹

네트워크는 이 모듈 후반부에서 보다 자세하게 논의된다.

워크스테이션은 퍼스널 컴퓨터와 비슷하지만 보다 강력하고 때로 보다 높은 품질의 모니
터를 가지고 있다. 연산처리 능력(computing power)에 있어 워크스테이션은 퍼스널 컴퓨터와
미니 컴퓨터 중간에 위치한다. 워크스테이션은 주로 고품질의 그래픽과 데스크탑 출판, 소
프트웨어 개발, 공학 장비 등과 같은 대규모의 메모리를 요구하는 장비를 지원한다.

퍼스널컴퓨터(Personal computers, PCs)는 마이크로 컴퓨터라고도 불리는데 오늘날 사
용되는 컴퓨터 가운데 가장 인기있는 컴퓨터 유형이다. PC는 크기가 작고 개인 사용자를
위해 비교적 비싸지 않게 만들어진 컴퓨터이다. PC 시장은 기본적으로 IBM과 매킨토시로
양분되어 있다. 컴퓨터는 책상에 놓고 쓰는 '데스크탑' 컴퓨터와 가볍고 이동 가능한 '랩탑'
컴퓨터로 불릴 수 있다. 개인이나 기관은 워드프로세싱, 계산, 데스크탑 출판, 프리젠테이션
준비와 전달, 스프레드시트 작성과 데이터베이스 관리 등과 같은 광범위한 일에 PC를 사용
한다.

[연습 1]

　만일 여러분의 사무실에 컴퓨터가 있다면 그 컴퓨터의 유형을 알아보라. 대형컴퓨터,
미니 컴퓨터, 워크스테이션 혹은 퍼스널컴퓨터 중 어느 것인가? 무슨 프로세스나 어떤
업무행위에 그 컴퓨터가 사용되는가? 컴퓨터의 유형과 주요 사용에 대해 간단한 설명서
를 작성하라. 만일 여러분의 사무실에 한가지 유형 이상의 컴퓨터를 갖고 있다면 왜
그런지 알아보라. 각각 다른 컴퓨터들은 어떤 다른 일들을 하도록 되어 있는가.

　만일 여러분의 사무실에 컴퓨터가 없다면 컴퓨터가 있는 동료나 친구들에게 접촉해
서 그들이 어떤 유형의 컴퓨터를 갖고 있는지, 그것이 어떤 주요한 기능들을 위해 사용
되는지 알아보라.

---

2. 컴퓨터 구성요소는 무엇인가?

컴퓨터는 두 가지 부분으로 구성되어 있다 : 하드웨어 그리고 소프트웨어.

하드웨어: 전자데이터를 생성, 이용, 조작, 저장하는 물리적 장치

소프트웨어: 컴퓨터 구동, 데이터 조작, 특수 기능이나 일을 실행하도록 하는 연산처리 지시문.

모든 컴퓨터는 다음과 같은 하드웨어 구성요소들이 필요하다.

- **중앙처리장치 (CPU)**

중앙처리장치(CPU): 데이터를 처리할 수 있게 하는 컴퓨터의 핵심 칩. 또한 프로세서라고도 한다.

- **메모리**

메모리: 연산 처리되기 위해 대기하고 있는 데이터를 유지하는 컴퓨터 시스템 내에 있는 한 영역.

- **저장장치**

저장장치: 컴퓨터가 데이터를 보관하는 영역.

- **입력장치** : 데이터나 명령문을 컴퓨터에 넣을 수 있게 하는 장치(이를테면 키보드, 마우스, 스캐너 등)

> *입력 :* 프로세스의 구동을 위해, 하나 혹은 그 이상의 출력물로 변환될 과정에서 요구되는 어떤 자원.

· **출력장치 :** 사용자에게 정보를 보여주는 장치(이를테면 디스플레이 화면이나 프린터)

> *출력 :* 입력정보가 프로세스에 의해 변환된 산출물.

컴퓨터에 연결될 수 있는 프린터, 스캐너, 외장형 디스크 드라이버 등을 주변장치라 한다.

> *주변장치 :* 실제로는 컴퓨터 내부에 있지 않으면서 컴퓨터 시스템에 들어가는 장비

중앙처리장치(CPU)는 컴퓨터의 핵심이다. 그것은 워드프로세싱이나 스프레드시트 프로그램과 같은 프로그램에서 주어지는 모든 종류의 명령을 수행한다. CPU는 하나 혹은 그 이상의 칩(다른 이름으로 "집적회로") 들로 구성되어 있다.

> *칩 :* 집적회로가 놓여진 대략 1cm2 면적의 반도체 물질(실리콘 같은)로 만들어진 작은 조각. 집적회로는 전기가 흐르는 길을 형성하기 위해 상호연결된 여러 개의 전기적 구성요소들이다. CPU 칩은 CPU를 대표하는 회로를 포함하고 있다.

마이크로프로세서는 칩의 특수한 유형이다. 원래의 IBM PC는 Intel 8088 마이크로프로세서를 사용했다. 오늘날 대부분의 마이크로 컴퓨터는 두 가지 제품군 중 하나의 마이크로프로세서로 만들어진다. x86 혹은 Power가 그것이다. 80286, 80386, 80486 모델은 마지막 세 자리 숫자 286, 386, 486으로도 불린다. 그러나 Intel은 1993년 그 동안의 전통을 깨고 차세대용 펜티엄(Pentium)을 발표했다. 1997년에는 멀티미디어 장치를 부착한 펜티엄II를 발표했고, 가장 최근에는 world wide web에 있는 엄청난 양의 정보를 얻을 수 있도록 새로운 기능을 추가한 펜티엄III를 생산하고 있다. 다른 칩 생산자들(이를테면 Cyrix)도 유사한 기능과 능력

을 가진 칩을 생산하고 있다.

CPU라고 해서 모두가 같은 것은 아니다. 어떤 것은 다른 것들보다 더 빨리 데이터를 처리한다. 컴퓨터는 모든 시스템 작동의 타이밍을 확립하기 위해 진동을 내는 시스템 시계를 장착하고 있다. 그 시스템 시계는 하루의 시간을 따르는 시계와는 상당히 다른 속도로 작동한다. 그 시스템 시계는 컴퓨터가 명령을 수행할 수 있는 속도를 결정한다. 그러므로 컴퓨터가 세분화된 시간 내에 완성할 수 있는 명령의 수를 제한한다. 명령 실행 사이클을 완성할 수 있는 시간은 MHz 혹은 초당 몇 백만의 사이클로 측정된다. 비록 어떤 명령들은 완성하기 위해 복합적인 사이클을 요구함에도 불구하고 처리장치의 속도는 프로세서가 1초에 실행할 수 있는 명령 수만 생각하여야 한다. 오늘날 마이크로프로세서의 속도는 300MHz를 초과한다. 만일 모든 세부적인 규격들이 동일하다면 보다 높은 MHz 등급이 보다 빠른 처리를 할 수 있다는 것을 의미한다.

여러분이 어떤 종류의 컴퓨터를 사용할 것인가를 결정할 때 혹은 어떤 종류의 컴퓨터를 얻을 것인가에 대해 고려할 때는 컴퓨터 프로세서 유형을 말하는 286, 386, 486, 펜티엄과 같은 용어들을 아는 것이 중요하다. 새로운 컴퓨터일수록 펜티엄 마이크로프로세서를 장착할 것이고 낡고 구형일수록 x86군 마이크로프로세서를 장착할 것이다.

여러분 컴퓨터의 프로세서 유형을 아는 것은 중요하다. 새로운 몇몇 컴퓨터 프로그램은 구형 프로세서에서는 구동이 안될 것이다. 그리고 몇몇 새로운 프로세서는 구식 소프트웨어에는 너무 복잡할 것이다.

> *컴퓨터에 프로세서가 빠르면 빠를수록 컴퓨터는 더 빨리*
> *작업을 수행할 것이다.*

가장 흔한 유형의 메모리는 대부분의 사용자들에게 주메모리(main memory) 혹은 RAM으로 익숙해져 있다.

Random access memory(RAM): 사용자의 데이터, 운영체제 명령이나
프로그램 명령 등을 일시적으로 유지하는 컴퓨터 시스템 내의 영역.

'주(main)'란 단어는 하드디스크 드라이브나 플로피디스크 드라이브 같은 외부의 대용량 저장장치 등과 구분하기 위하여 사용된다. '대용량기억장치(mass storage)'라는 용어가 다양한 기술과

대용량 데이터를 저장하기 위한 장치를 말한다는 것을 기억하라. 주기억장치는 컴퓨터가 꺼져있는 동안에도 데이터가 유지된다는 점에서 메모리와는 구별된다. 따라서 대용량기억장치는 때로 보조기억장치(auxiliary storage)라고 말한다. 다음은 일반적인 저장장치들의 개념들이다.

저장장치(Storage) : 데이터가 처리될 필요가 없는 오랜 기간동안 남아 있는 컴퓨터 시스템 내의 영역.

디스켓 : 작고 이동할 수 있으며 얇은 자기물질의 층으로 덮인 유연한 폴리에스테르 플라스틱 디스크 디지털 데이터가 기록될 수 있고 저장될 수 있다. 일반적으로 플로피 디스크로 알려져 있다.

하드 드라이브 : 컴퓨터 자체 내에 있는 저장영역으로서 정보를 저장할 수 있는 메가바이트의 공간이 있다. 일반적으로 하드디스크로 알려져 있다.

광디스크 : 디스크에 데이터를 읽고 쓰는데 레이저 기술과 표면반시를 사용하는 저장 장치. 일반적으로 레이저디스크로서 알려져 있다.

자기테이프 : 자기 산화철로 덮인 긴 플라스틱 조각 ; 테이프는 평행한 트랙으로 나누어지고, 거기에는 표면, 지점, 트랙 등 각 부분의 선택적인 자기화에 의해 기록된다. 그리고 데이터는 저장되고 다시 이용될 수 있다.

[연습 2]

만일 여러분 회사에 마이크로 컴퓨터가 있다면 그 안에 있는 설명서를 보라. 그 컴퓨터에 어떤 유형의 마이크로프로세서가 있는지 알아내기 위해 설명서를 잘 보라. 만일 컴퓨터에 관한 정보가 스크린에 나타나 있다면 컴퓨터가 켜져 있을 때 컴퓨터 스크린을 보라. 그리고 나서 여러분 부서에서 사용하는 두 가지 종류의 소프트웨어를 조사하라.

각 유형의 소프트웨어에 필요한 마이크로프로세서의 최소 요구사항은 무엇인가? 컴퓨터가 소프트웨어를 위한 최소 요구사항을 충족시키고 있는가? 아니면 컴퓨터가 요구사항을 초과하는가? (즉, 마이크로프로세서가 소프트웨어 요구사항보다 최신형이거나 보다 강력한가?) 정보를 위해 소프트웨어 매뉴얼을 보거나 혹은 친구나 동료에게 물어 도움을 받으라. 컴퓨터에서 백업본을 제거하지 말고 소프트웨어를 설치하도록 시도해 보라.

3. 컴퓨터는 어떻게 작동하는가?

컴퓨터 기능은 다음과 같다.

- **컴퓨터는 데이터를 받아들인다.** 컴퓨터는 컴퓨터 시스템으로 입력되는 것이 무엇이든 받아들인다. 입력은 사람(이를테면 키보드를 사용함으로써)에 의해 혹은 다른 컴퓨터나 디스켓, CD - ROM과 같은 장치에 의해 제공될 수 있다. 입력의 몇 가지 예를 들면 문서상에 단어나 기호, 계산에 필요한 숫자, 프로세스를 완료하는 명령문, 그림 등등.
- **컴퓨터는 다양한 방법으로 데이터를 조작하고, 유용한 작업을 수행한다.** 이 조작을 연산처리(processing)라 부른다. 연산처리의 예를 들면 계산 작업을 하는 단어나 숫자를 분류하고 사용자의 지시에 따라 문서나 그림을 수정하고 그래프를 그리는 것 등이다. 컴퓨터는 이 데이터를 CPU에서 처리한다.

> *처리(process)* : 컴퓨터가 데이터를 조작(가공)하기 위해 작동하는 체계적인 일련의 행위

- **컴퓨터는 데이터를 저장한다.** 컴퓨터는 처리가 가능하도록 데이터를 저장해야만 한 다. 대부분의 컴퓨터는 한 개 이상의 데이터 저장 영역을 갖고 있다(하드 드라이브 또는 는 C:\ , 플로피 드라이브 또는 A:\ ). 컴퓨터가 데이터를 저장하는 위치는 데이터를 어떻게 사용하는가에 달려 있다. 컴퓨터는 데이터가 처리되기를 기다리는 동안에 한 곳에 데이터를 위치시키고 즉시 처리될 필요가 없을 때는 다른 곳에 데이터를 저장한 다. 컴퓨터 안에 데이터를 저장하는 것을 '온라인(online) 저장'이라 하며 반면에 컴퓨터 테이프, 디스켓 혹은 CD-ROM에 데이터를 저장하는 것을 '오프라인(offline) 저장'이라 한다.
- **컴퓨터는 출력물(output)을 만들어낸다.** 컴퓨터 출력물은 컴퓨터가 생산한 정보이다. 컴퓨터 출력의 예를 들면 보고서, 문서, 음악, 그래프 그리고 그림 등이 있다. 출력은 종이, 디스켓 또는 스크린 등과 같은 다양한 형태가 가능하다.

> *컴퓨터는 입력을 통해 데이터를 받고, 그것을 처리하고 저장하고 그리고 나서 출력물을 만들어낸다.*

4. 소프트웨어는 어떻게 구동하나?

　소프트웨어는 컴퓨터를 구동하고, 특수한 기능이나 작업을 실행하고, 데이터를 조작하는 전산화된 명령들이다. 소프트웨어가 다양한 기능들을 수행하기 위해서는 먼저 프로그래밍이 되어야 한다. 즉, 명령들은 컴퓨터가 이해할 수 있는 프로그래밍 언어로 쓰여질 필요가 있다. 프로그램 없이는 컴퓨터는 쓸모가 없다.

　　프로그래밍 언어 : 컴퓨터가 어떠한 목적의 일을 수행하도록 지시하는데 사용하는 규칙, 어휘, 구문들의 집합.
　　컴퓨터 프로그램 : 컴퓨터가 작업 처리를 수행할 수 있도록 컴퓨터에 의해 실행이 가능한 명령들을 조직화 한 결과물.

　수년간에 걸쳐, 베이직(BASIC), 포트란(FORTRAN), 파스칼(PASCAL), 씨 언어(C++), 자바(JAVA) 등의 다양한 프로그래밍 언어가 개발되어 왔다. 각 언어는 독특한 코드조합을 갖고 있는데 그것은 조직화된 프로그램 명령을 위한 특수한 구문이다.

　실제로 컴퓨터가 이해할 수 있는 언어를 기계어라 부르며, 그것은 숫자만으로 구성되어 있다. 이 기계어는 컴퓨터가 프로그래밍 언어를 이해할 수 있게 하고, 그 언어를 실행 명령으로 번역하기 위하여 사용한다. 프로그래밍 언어와 기계어 사이에 있는 것이 어셈블리 언어이다.

　어셈블리 언어는 기계어와 같은 구조 및 명령체계를 갖고 있지만, 숫자 대신에 이름을 사용할 수 있는 프로그램을 가능하게 한다.

　주의 : 오늘날 컴퓨터를 사용하는 대부분의 사람들은 프로그래밍, 기계 혹은 어셈블리 언어에 대해 걱정할 필요가 없다. 왜냐하면 오늘날의 소프트웨어들은 사용자가 대단히 편리

하게 사용할 수 있는 형태로 쓰여져 있고, 그것을 만들거나 이용하는데 있어서 컴퓨터 언어에 대한 지식을 요하지 않기 때문이다.

사용자 친근성: 간단하게 설치, 실행, 사용할 수 있는 컴퓨터 소프트웨어나 하드웨어.

소프트웨어에는 두 가지 종류가 있는데, 시스템 소프트웨어와 응용소프트웨어이다. 시스템 소프트웨어(Systems software)는 운영시스템(operating system)과 컴퓨터 작동이 가능하게 하는 모든 유틸리티를 포함한다. 컴퓨터를 작동하는 가장 중요한 프로그램은 운영시스템이다. 모든 일반적인 목적의 컴퓨터는 다른 프로그램을 구동시키기 위해 운영시스템을 가지고 있어야만 한다. 이것은 하드웨어와 응용소프트웨어의 조정, 저장장치의 할당, 입력 및 출력장치의 조정과 링크되거나 연결된 컴퓨터를 위한 관리시간 배분 등과 같은 조정기능 등을 포함한다. 여러 가지 면에서 운영시스템은 컴퓨터내의 활동을 조절하는 항공교통관제관과 같은 작업을 한다. 운영시스템의 예를 들면, Window NT, DOS 그리고 OS/2가 있다. Window 군(群)의 운영시스템은 사용자가 편리하게 이용할 수 있는 소프트웨어인 GUI를 포함하고 있다.

운영시스템: 컴퓨터를 구동시키는 소프트웨어 집합.

응용소프트웨어(Applications software)는 사용자들이 작업 수행을 가능하게 하는 프로그램들을 포함한다. 응용소프트웨어에는 다음과 같은 기능의 프로그램이 포함된다.

- 워드프로세싱은 가장 흔한 응용소프트웨어이다. 타자기를 사용하는 것보다 워드프로세서를 사용하는 가장 큰 이점은 전체 문서를 다시 칠 필요 없이 가공할 수 있다는 점이 다. 워드프로세서는 쉽게 문서를 조작하고 포맷할 수 있도록 한다.
- 스프레드시트는 사람들에게 스프레드시트(각각 미리 정해진 관계에 의해 가로, 세로로 만들어진 테이블)를 만들고 조작하는 것을 가능케 하는 프로그램이다. 스프레드시트는 회계, 예산, 통계 등의 수학적인 계산을 위해 사용된다.
- 데이터베이스 관리 소프트웨어는 사람들이 데이터베이스 내에 데이터를 만들고 조작케 하는 프로그램이다. 데이터베이스는 정보분류, 통계분석수행 혹은 보고서를 만드는데 사용하고, 가공이 가능한 관련 정보들의 집합이다.

- 프리젠테이션 패키지나 그래픽은 사용자들이 슬라이드 프리젠테이션이나 보고서용으로 고도로 세련된 영상을 만들 수 있게 하는 프로그램이다. 그것들은 또 다양한 형태의 차트나 그래프를 만드는데 사용될 수 있다. 많은 응용소프트웨어들이 페인트(paint) 프로그램이나 데스크탑 출판 프로그램 등과 같은 그래픽 구성요소를 포함하고 있다.
- 통신 프로그램은 사람들이 팩스나 전자메일을 보내거나 다른 컴퓨터로 전화연결을 가능하게 하는 소프트웨어이다.

> 소프트웨어 프로그램들은 어떤 일을 수행하기 위해 부단히 사용되고 있고, 그 기능도 날로 향상되고 있다. 결과적으로 소프트웨어는 빠르게 쓸모없는 것이 될 수 있다.

소프트웨어는 '독점' 혹은 '공개' 될 수 있다. 독점 소프트웨어는 개인적으로 소유되고 통제된다. 독점 소프트웨어의 디자인이나 기술은 한 회사에 의해 소유되는 것이다. 대개 그 회사는 다른 회사가 그 제품을 복제할 가능성이 있는 설계 규격을 공개하지 않는다. 사용자들은 공개적으로 접근 가능한 설계 규격을 사용하여 디자인한 '공개' 소프트웨어를 사용하는 것을 더 좋아한다. 공개 소프트웨어의 가장 큰 장점은 누구나 제품에 새로운 기능을 추가하여 창조할 수 있다는 것이다. 왜냐하면 그들은 그것이 어떻게 디자인되었는지 이해할 수 있기 때문이다. 사람들은 공개 소프트웨어를 다른 생산자들의 제품과 섞고 매치시켜 사용할 수 있다. 그러나 소프트웨어를 공개함으로써 어떤 생산자들은 다른 사람들이 그들의 제품을 복제하는 것을 허용하고 있지만, 많은 생산자들은 그것을 원하지 않고 있다.

[연습 4]

컴퓨터 하나를 선택한 후 스위치를 켜라. 어떤 운영시스템을 사용하고 있는가? 버전은 무엇인가? 어떤 응용소프트웨어가 작동되고 있는가? 도움을 받으려면 컴퓨터나 소프트웨어 설명서를 보거나 여러분과 함께 일하는 친구나 동료에게 요청하라.

---

5. 컴퓨터는 정보를 어떻게 처리하는가?

데이터가 컴퓨터에 들어오면, 우리가 이해하는 숫자나 단어들은 2진수 시스템으로 바뀌게 된다. 2진수는 컴퓨터 언어이다. 여러분이 타이프, 입력, 출력, 전송, 복원하고 그리는 모든 것은 결국 컴퓨터 고유언어인 2진수로 바뀌게 된다.

2진수 체계: 2의 멱(冪)으로 나타내는 각 십진 숫자에 있는 숫자 체계. 2진수 체계는 가치를 나타내기 위해 0과 1이라는 단지 2가지의 숫자만 사용한다.

흔히 대부분의 나라에서 사용되는 십진법 체계에서는 각 숫자가 10의 가치를 나타낸다. 예를 들면, 숫자 103은 다음과 같이 분류된다.

$$
\begin{aligned}
1 \times 100 &= 100 \\
0 \times 10 &= 0 \\
3 \times 1 &= 3 \\
\hline
103 &= 103
\end{aligned}
$$

2진법 체계에서는 각 숫자는 2의 가치를 나타낸다. 컴퓨터는 2진법 체계를 사용하기 때문에 2는 중요한 역할을 한다. 이것이 컴퓨터에서 8(2의 세제곱), 64(2의 6제곱), 128(2의 7제곱) 그리고 256(23의 8제곱)으로 나타나는 이유이다. 그러므로 2진법 체계에서는 숫자 103은 다음과 같이 분류할 수 있다.

$$
\begin{aligned}
1 \times 64 &= 64 \\
1 \times 32 &= 32 \\
0 \times 16 &= 0 \\
0 \times 8 &= 0 \\
1 \times 4 &= 4 \\
1 \times 2 &= 2 \\
1 \times 1 &= 1 \\
\hline
1100111 &= 103
\end{aligned}
$$

2진수 체계에서 0과 1의 가치는 소위 '2진수' 또는 '비트' 라고 부른다.

이진수 비트): 2진수 체계 내에 있는 숫자. 컴퓨터에 저장된 정보의 가장 작은 단위.

컴퓨터의 전자회로는 온(on) 또는 오프(off)라는 두 가지 상태만을 가지고 있다. 그러므로 0과 1(반대를 나타내는 on 또는 off, yes 또는 no, up 또는 down으로 나타낼 수도 있다.)만 이해가 가능한 것이다. 이것이 모든 컴퓨터들이 2진법 체계를 사용하는 이유이다. 비트가 유용하게 사용되기 위해서는 정보가 '바이트'로 조합되어야 한다.

바이트(Byte): 하나의 문자를 나타내는 비트의 조합. 1 바이트는 대개 8 비트로 이루어진다.

컴퓨터 프로그램은 다양한 다른 종류의 컴퓨터 프로그램에 의해 읽혀질 수 있는 여러 가지 바이트의 정보를 위한 코드를 발전시켜왔다. 예를 들면, 한 코드는 문자 A를 '11000001'로 문자 B를 '11000010'으로 정의할 수 있다. 숫자 6은 '11110110'으로 숫자 8은 '11111000'으로 정의할 수 있다. 한 사람이 키보드에 A 키를 입력하면 컴퓨터는 그것을 '11000001'로 등록한다. 그가 B를 입력하면 컴퓨터는 그것을 '11000010'으로 읽는다. 마찬가지로, 숫자 6은 컴퓨터에 의해 '11110110'으로 이해되고 숫자 8은 '1111100'으로 이해된다. 이런 방식으로, 컴퓨터는 2진수에 의해 단어나 숫자를 저장할 수 있고 필요할 때 그것들을 검색하고 단어나 숫자로 변환시킨다.

앞에서 논의하였듯이, 데이터를 조작하고 저장하고 처리하는 작업은 컴퓨터의 주 메모리인 CPU에서 실행한다. CPU는 산술적이고 논리적인 단위 혹은 ALU, 통제장치, 그리고 레지스터(기억된 정보를 수시 사용할 수 있게 된 장치) 등으로 구성되어 있다.

- 산술적이고 논리적인 구성부분은 CPU의 일부분인데 그곳에서 산술적이고 논리적인 작업이 처리된다.
- 통제단위는 컴퓨터의 일반적인 작업을 감독하는 CPU의 일부분이다.
- 레지스터는 색인, 계산, 분류 혹은 데이터의 조작 등과 같은 특수한 기능을 수행하기 위해 오랜 기간 동안 컴퓨터의 기억장치 내에 데이터를 유지해 놓는 장치이다.

데이터는 버스(bus)라고 알려진 일종의 길(통로)을 통해 컴퓨터의 한 부분에서 다른 부분으로 이동한다.

버스(Bus): 컴퓨터의 부분들이 서로 소통할 수 있게 하는 통로나 길.

학생용 스쿨버스와 유사하게, 컴퓨터의 데이터 버스는 메인보드에 있는 구성요소들 중 하나로부터 일정한 양의 데이터를 가져다가 메인보드의 또 다른 구성요소들로 데이터를 전송한다. 마이크로 컴퓨터의 주기판은 마더보드(motherboard)로 알려져 있다. 주기판은 버스로 연결되는 장치를 위한 접속기를 가지고 있다. 전형적으로, 주기판은 시스템을 위한 CPU, 메모리, 기본적인 통제장치 등을 포함하고 있다. 데이터 버스는 실제로 주기판에 있는 다양한 요소들과 접속하는 전자회로들의 집합이다.

컴퓨터에 입력된 데이터는 CPU에서 처리된다. 그것들은 컴퓨터 메모리에 저장되기 위하여 버스를 따라 이동하게 된다. 유용한 메모리 양은 정보의 바이트로 표현되고 대표되는 문자의 비트의 조합에 따른다. 바이트의 숫자가 높을수록 컴퓨터는 보다 많은 메모리를 갖는다. 오늘날의 컴퓨터는 메가바이트(Mbyte) 혹은 심지어 기가바이트(Gbyte)의 데이터를 갖는다. 메가바이트는 백만 바이트의 단위이다. 기가바이트는 10억 바이트, 그리고 테라바이트는 1조 바이트의 단위이다. 만일 어떤 컴퓨터가 64 메가바이트의 메모리를 갖는다면 그것은 64,000,000 바이트의 정보를 저장할 수 있다.

데이터는 그 데이터를 만든 소프트웨어만을 사용하여 다시 읽을 수 있도록 저장될 수도 있고, 또 다른 포맷으로 저장될 수도 있다. 그래서 그 데이터가 다른 소프트웨어 프로그램에 의해 전환되거나 사용될 수 있다. 다른 소프트웨어 프로그램을 가지고 사용할 수 있도록 데이터를 저장하는데 사용되는 표준문자코드가 있다. 이 코드는 소위 ASCII(American Standard Cord for Information Interchange)라고 부른다. 앞에서 말했듯이, ASCII 코드는 각각의 문자에 특정 유형의 비트를 할당한다. 특히 IBM사의 대형컴퓨터에서는 다른 코드가 발견될 수 있는데, 그것은 EBCDIC(Extended Binary Coded Decimal Interchange Code)이라 한다. 이러한 코드에 대해 기억해야 할 중요한 요점은 그들의 주요가치가 다른 컴퓨터들에 의해 읽혀질 수 있게 정보를 저장한다는 점이다. 사람들은 ASCII나 EBCDIC를 사용하여 다른 유형의 하드웨어나 소프트웨어를 가지고 누군가의 데이터를 검색하고 활용하는 것이 가능해졌다. 하지만 ASCII나 EBCDIC의 주요한 단점은 포맷이나 다른 특수한 종류의 전산화된 정보가 분실될 수도 있다는 점이다.

6. 컴퓨터 메모리는 무엇인가?

앞에서 설명했듯이, 메모리는 컴퓨터 내에 있는 내부임시저장구역이라 말할 수 있다. 메모리란 단어는 대개 데이터를 유지할 수 있는 실제의 칩을 의미하는 뜻으로 사용된다. 어떤 컴퓨터는 실제 메모리를 하드디스크 드라이브로 확대한 가상 메모리를 의미하는 것으로 사용한다. 메모리의 주된 형태이고 사용자들에게 가장 익숙해져 있는 메모리는 램(RAM)이다. 램은 주기억장치와 같다. 컴퓨터는 램에 데이터를 쓸 수도 있고, 램으로부터 데이터를 읽을 수도 있다.

사용자가 컴퓨터를 켤 때마다 운영체제의 일련의 명령들이 하드디스크로부터 램으로 복사된다. 이러한 명령들은 컴퓨터 기능을 기본적으로 통제할 수 있도록 하고, 컴퓨터의 전원이 꺼질 때까지 램에 남아있게 된다. 대부분의 램은 소멸성이 있다. 소멸성이 있다는 것은 그 내용을 유지하기 위해 끊임없이 전원이 필요하다는 의미이다. 전원 공급이 차단되면 램에 있던 그 어떤 데이터도 사라지고 만다. 램이 보관하고 있는 내용은 컴퓨터가 데이터를 처리하는데 있어 필요하다. 처리된 결과는 그것들이 다시 필요하거나 혹은 하드디스크나 다른 저장장치로 저장될 때까지 일시적으로 램에 보관된다.

오늘날 램의 저장용량은 메가바이트로 측정된다. PC는 전형적으로 16~64MB 용량의 램을 장착하는데 그것은 16,000,000~64,000,000 바이트의 데이터를 저장할 수 있다는 의미이다.(표준 A4는 대략 2,000 바이트 혹은 문자들을 저장할 수 있다)

다른 유형의 메모리를 보면
- ROM(read only memory) : 램과는 달리, 롬은 소멸성이 없고 사용자가 데이터를 읽는 것만을 허용한다. 컴퓨터는 내개 컴퓨터를 부팅시키는 명령을 유지하는 소량의 롬을 보유하고 있다.
- PROM(programmable read only memory) : PROM은 프로그램을 저장할 수 있는 기억 칩이다. 일단 한번 사용된 PROM은 깨끗이 지울 수 없고, 다른 것을 저장하기 위해 사용할 수도 없다. ROM과 같이 PROM도 비소멸성이다.
- EPROM(erasable programmable read only memory) : EPROM은 PROM의 특수한 유형 중 하나로 자외선에 노출시킴으로써 내용을 지울 수 있다.
- EEPROM(electrically erasable PROM) : EEPROM은 PROM의 특수한 유형 중 하나 로 전기에 노출시킴으로써 지울 수 있다.

[연습 5]

여러분 부서에서 컴퓨터 관리 책임을 맡고 있는 사람들에게 여러분 부서의 컴퓨터가 어떤 용량의 RAM을 갖고 있는지 물어 보라. 만일 그들이 컴퓨터가 충분한 용량의 RAM을 갖고 있다고 생각한다면 왜 그런지 혹은 왜 그렇지 않은지 알아보라.

7. 데이터는 어떻게 저장하는가?

컴퓨터 프로세서와 직접 연결되는 회로로서 언급되는 기억장치와, 프로세서와 직접 연결되지 않는 디스크와 같은 저장매체로 언급되는 저장장치를 구분하는 것은 매우 중요한 일이다. 저장장치는 데이터를 저장하기 위해 사용되는 그 어떤 것이라는 것을 기억하라. 플로피 디스크, 하드디스크, 광(光) 디스크, CD, 그리고 자기 테이프 등은 모두 저장장치의 유형들이다.

물리적인 저장장치(Physical storage)는 데이터가 실제로 어떻게 저장 디스크에 보관되는지에 관련된다. 저장하는데 가장 흔히 사용하는 저장매체는 자기저장장치(magnetic storage)이다. 컴퓨터의 자기저장장치로 자기화하여 데이터를 저장하는 디스크와 테이프는 미립자 형태의 산화철로 표면이 코팅되어 있다. 그 미립자들은 본성을 변화시킬 때까지 고유의 자기적 특성을 유지한다. 따라서 자기 디스크와 테이프는 수정 가능한 저장매체들이다. 가장 대중적인 두 가지 유형의 자기저장장치는 하드디스크와 디스켓이다. 자기테이프는 자기저장장치의 세 번째 유형이다. 그리고 광(光)디스크는 새로운 저장매체이다. 다음은 각각에 대한 논의이고 이전에 정의했던 것이 반복된다.

하드 드라이브 또는 하드디스크 저장장치는 디스켓보다 빠른 파일접근 능력을 제공한다.

> *하드디스크 드라이브:* 컴퓨터 자체 내에 있는 저장영역으로, 다수 비트의 정보를 저장할 수 있는 메가바이트의 저장공간이 있다. 하드디스크로도 알려져 있다.

하드디스크는 산화철로 피막이 된 알루미늄이나 유리로 평평하고 견고하게 만들어져 있다. 하드디스크는 하나 이상의 원반(platter)과 읽기-쓰기 헤드(read-write heads)로 구성되어 있다. 읽기-쓰기 헤드는 디스크에서 컴퓨터로 데이터를 읽을 수 있는 장치이다. 그것은 또 원반

형태로 데이터를 기록한다(혹은 쓴다). 마이크로컴퓨터에 있는 하드디스크 원반은 대개 지름이 3.5인치(약 10cm)이다. 이것은 하나의 디스켓에 들어있는 원형 폴리에스테르 필름 디스크와 같은 크기이다. 그러나 하드디스크의 저장용량은 플로피디스크의 저장용량을 훨씬 초과한다. 또 하드디스크의 접근속도 역시 디스켓보다 상당히 빠르다. 누군가가 데이터를 요청하면 회전하기 시작하는 디스켓과는 달리, 하드디스크는 계속 움직이고, 속도를 내기 위해 회전할 때 지체되는 일이 없다. 디스켓처럼, 하드디스크는 읽기-쓰기 헤드를, 요청한 데이터를 포함하고 있는 섹터에 위치시킴으로써 원하는 파일로 임의 접근할 수 있는 능력을 제공한다.

디스켓 : 작고, 제거가능하며, 데이터가 기록되고, 저장될 수 있는 자기물질의 얇은 층들이 덮여있는 폴리에스테르 필름 디스크이다. 플로피 디스크로도 알려져 있다.

디스켓은 얇은 폴리에스테르 필름 디스크라는 점에서 플로피디스크라는 또 다른 이름을 가지고 있다. 만일 누군가가 디스켓 케이스를 잘라서 연다면(디스크가 손상될 수 있기 때문에 권장되지는 않지만), 그 안에 얇고 연약한 폴리에스테르 필름 디스크를 볼 수 있다. 디스켓은 플로피라고도 불린다. 비록 오늘날의 마이크로컴퓨터가 대개 3.5인치(약 10cm) 디스크를 사용한다지만, 수 년 전에 인기 있었던 5.25인치(약 15cm) 디스크를 여전히 볼 수 있을지도 모른다. 아마도 5.25인치 디스크를 읽을 수 있는 디스크 드라이브를 발견하는 것은 매우 어려울 것이다.

대개 디스켓은 데이터를 전송하거나 옮기는데, 혹은 백업 목적으로 데이터 파일을 복사하기 위해 이용한다. 디스켓의 저장용량은 다양하지만 하드디스크 드라이브의 저장용량보다는 상당히 적다.

1960년대 이후로 자기테이프가 컴퓨터본체 저장장치의 일반적인 형태를 이루고 있다.

자기테이프 : 자기산화철의 얇은 막으로 덮여 연속적으로 길게 연결되어 있는 플라스틱 막(膜). 테이프는 평행한 트랙으로 나누어지며, 거기에 표면 혹은 지점, 각각의 트랙에 선택적으로 자기화 된 부분에 의해 데이터가 기록될 수 있다. 그리고 나서 데이터는 저장되고 재사용 될 수 있다.

1981년 IBM이 최초로 마이크로컴퓨터를 도입했을 때, 테이프 저장장치의 유산은 오디오 녹음 및 재생용 장치와 유사한 카세트테이프 드라이브 형태로 계속 이어졌다. 그러나 주기억장치로서 하드디스크 대신에 테이프를 사용함으로써 속도가 느리고 사용이 불편했다. 왜냐하면 테이프는 임의적인 접근보다는 오히려 순차적인 접근을 요구했기 때문이다.

순차접근은 데이터가 테이프의 길이를 따라 연속된 바이트로 저장되고 읽혀진다는 것을 의미한다. 마이크로컴퓨터 테이프 저장장치에 저장된 데이터를 찾기 위해서는 파일의 적합한 위치로 테이프를 위치시켜야만 한다. 그리고 나서 컴퓨터가 파일이 시작되는 부분의 각각의 바이트를 찾을 때까지 천천히 읽기를 기다려야 한다. 예를 들면, 오디오 카세트처럼 사용자가 원하는 부분을 찾기 위해서 테이프를 순차적으로 돌려야만 하는 것이다.

마이크로컴퓨터 사용자들은 편리함과 임의접근 디스크드라이브를 위해 테이프 저장장치를 재빨리 포기했다. 그러나 최근 들어, 마이크로컴퓨터를 위한 테이프 저장장치는 주기억장치로서가 아니라 하드디스크에 저장된 데이터의 백업본을 만들기 위하여 복귀되기도 했다. 자기저장장치에 있는 데이터는 쉽게 파괴되거나 지워지고 그렇지 않으면 분실될 수 있다. 하드디스크에 있는 데이터를 보존하는 것은 사용자들에게 특별한 관심을 갖게 한다. 왜냐하면 하드디스크는 재복구하기 어렵고, 시간이 걸릴 수 있는 매우 많은 양의 데이터를 포함하고 있기 때문이다. 이러한 이유로 백업이 매우 중요해지고 있다.

백업: 컴퓨터 파일이나 파일의 집합체를 대개 원본 파일이 손상되거나 분실되는 경우를 대비하여 데이터를 안전하게 보존하기 위하여 디스켓, 자기테이프 등의 제2의 매체에 복사하는 것. 대개 백업은 컴퓨터로부터 분리될 수 있고 원본과 별도로 분리될 수 있는 저장장치에 복사된다.

테이프 백업은 자기테이프에 저장된 데이터나 분실된 데이터를 복구하는데 사용하기 위하여 하드디스크로부터 데이터를 복사하는 것을 말한다. 테이프 백업은 상대적으로 비싸지 않고, 분실된 데이터를 어쩔 수 없이 재복구해야 하는 일로부터 조직을 구할 수 있다.

> *전자형식의 데이터를 백업하는 것은 손실이나 피해로부터 데이터를 보호하는 데에 중요하다.*

마이크로컴퓨터를 위한 테이프 드라이브의 가장 인기 있는 유형은 테이프 카트리지이다.
그러나 몇 가지의 테이프 규격과 카트리지 크기가 존재한다. 테이프 카트리지는 오디오나
비디오카세트 테이프와 유사한 제거가능한 자기테이프 모듈이다. QIC라고 불리는 1/4인치
테이프는 1/4인치(대략 1/2cm) 광 테이프를 포함하는 테이프 카트리지이다. 테이프 길이로
보면, QIC테이프는 340MB에서 2GB를 수용할 수 있다. DAT라고 불리는 디지털 오디오 테이
프는 원래 오디오 녹음을 위한 형식이었으나 현재는 데이터저장을 위해 사용되고 있다.
4mm DAT테이프는 2GB ~ 12GB의 저장용량을 갖고 있다.

자기저장장치 이외에, 광(光) 저장장치가 있다.

광(光) 디스크: 디스크에 데이터를 읽거나 쓰기 위해 표면 반사
와 레이저 기술을 사용하는 저장장치. 레이저디스크로서도 알려져
있다.

광 저장장치는 레이저 광선을 이용하여 데이터를 저장매체로 새긴다. 그 새김은 데이터를
표현할 수 있도록 디스크 표면에 작은 홈의 형태를 형성한다. 그 광 매체에 있는 홈은 영구적
이어서 데이터가 변할 수 없다. 광 매체는 매우 내구적이고, 일단 데이터가 저장되면 변화시
키는데 자기매체와 같은 유연성은 제공하지 않는다.

광 디스크에는 세 가지 유형이 있다.

• CD-ROM은 가장 인기가 있는 광 저장장치의 유형이다. CD-ROM은 Compact Disc
Read Only Memory의 약자이다. 컴퓨터 CD-ROM은 오디오용 디스크처럼, 홈의 연속
물로서 디스크 표면에 있는 데이터를 담고 있다. CD-ROM에 있는 그 데이터를 읽기
위해 광 판독헤드가 바이트를 나타내는 홈의 유형을 구별해낸다. CD-ROM은 거대한
저장용량을 제공한다. CD-ROM이 이미 CD-ROM에 쓰여진 데이터들을 수반한다. 요
즘은 대부분의 응용소프트웨어가 CD-ROM으로 제공된다.
• 이제는 컴퓨터 사용자들이 광 디스크에 데이터를 쓰는 일이 가능해졌다. WORM 디스

크로 알려진 것이 있는데, 그것은 'Write Once Read Many'의 약자이다. 하나의 CD는 680MB의 저장능력을 갖는데 이는 문자형태의 텍스트 300,000 페이지에 상당하고 상당히 내구적이다. 이들은 CD-R(CD recordable)로 알려져 있다. 비록 표준은 없지만, 다른 유형의 WORM 디스크도 있다.

• 세 번째 유형의 광 디스크는 새로운 정보 수록을 위해 지울 수도 있고, 다시 쓸 수도 있다. 이것들은 때때로 EO(Erasable optical) 디스크, CD-RW(CD rewritable)로 알려 져 있다.

자기-광(Magneto-optical) 디스크는 광 디스크와 CD-ROM 기술을 조합한 것이다. 자기 매체처럼 읽고 쓸 수가 있으며, 플로피 디스크처럼 제거가 가능하다. 그것들은 200MB의 데이터를 저장할 수 있고 이 데이터로의 접근속도도 하드드라이브보다 느리지만 플로피드라이브보다는 빠르다. 아직까지는 이것들에 대하여 일반적인 규정은 없다. CD-ROM과 자기-광 디스크는 이미지를 저장하는데 매우 유용하다. 이것들은 이를테면 워드프로세서 파일과 같은 텍스트 형태의 데이터보다 더 많은 공간을 차지한다.

[연습 6]

여러분의 기관에서는 데이터를 백업하는 절차가 실행되는가? 만일 그렇다면, 얼마나 자주 백업을 실시하는가? 무슨 데이터를 저장하는가? 만일 컴퓨터가 작업을 멈춘다면 부서의 그 데이터를 복원할 수 있는가?

---

8. 문서(documentation)의 중요성

컴퓨터 하드웨어, 소프트웨어, 그리고 주변기기들이 얼마나 다양한 시스템이나 프로그램을 수행하는가를 설명하는 문서(매뉴얼 등)가 주어질 것이다.

문서(documentation): 컴퓨터 하드웨어나 소프트웨어를 개발하고, 사용하거나 유지하는데, 그리고 데이터에 대한 접근과 검색을 허락하는데 필요한 정보

비록 문서가 대개 인쇄된 설명서나 지침서의 형태로 주어질지라도, 그것은 또한 컴퓨터 소프트웨어 내에 포함된 '도움말(help screen)'과 같은 전자적인 형태로 주어지거나 데이터 사전에 있는 문서 등의 형태로 주어질 수 있다. 문서는 때로 컴퓨터 응용프로그램을 사용할 때 만들어진다. 예를 들면, 만일 정부기관이 봉급을 지급하기 위하여 피고용인들의 데이터 베이스를 작성한다면 문서는 그 데이터 베이스가 어떻게 이루어졌는지, 그것이 무엇을 위해 사용될 수 있는지, 어떤 데이터 필드가 만들어졌는지 등을 설명하도록 만들어질 것이다. 이 문서(화)는 특히 만일 그 시스템을 만든 사람이 떠난 후에 오랫동안 기록보존 환경에서 관리 되고 있다면 그 데이터베이스 시스템을 이해하는데 매우 중요할 것이다.

> *문서(documentation) 는 항상 보관 유지되어야 한다.*

문서를 없애면 나중에 문제가 발생할 수 있다. 특히 만일 여러분이 소프트웨어를 처음부 터 다시 운영해야 하는 경우에는 더욱 그러하다. 문서(화)는 또 소프트웨어의 합법적인 이용 을 위하여 특허를 포함할 수 있다. 그러므로 문서를 보호하고 그것을 쉽게 이용할 수 있도록 보장하는 것은 매우 중요하다.

9. 바이러스에 대한 대비

> *바이러스(Virus):* 한 컴퓨터에서 증식되어 컴퓨터 정보를 못쓰게 하거나 지워버릴 의도를 가지고 유용한 정보에 숨어서 하나 혹은 그 이상의 컴퓨터로 전파되는 컴퓨터 프로그램.

바이러스는 매우 흔하다. 바이러스는 여러분이 워드 프로세서 문서를 여는 것을 방해하는 것에서부터 하드드라이브 전체를 파괴시키는 것에 이르기까지 그 종류가 다양하다. 예를 들면, 바이러스는 플로피 디스크의 교환이나, 전자메일 메시지를 통해, 웹 상에서 문서를 다운로드받는 등의 몇 가지 경로를 통해 감염될 수 있다. 통신망은 바이러스가 이동하는 것을 훨씬 쉽게 만든다. 일단 바이러스가 어느 한 기관의 컴퓨터 시스템에 침투하면 그것은 매우 **빠르게** 전파될 수 있다. 매주 새로운 바이러스들이 발생하며 그래서 사용자들은 이러한 문제들을 없애기 위해 바이러스 방지소프트웨어를 업데이트하는 것이 필수적이다.

만일 사용자들이 인가 받지 않은 소프트웨어를 갖고 있다면, 그것은 해적판 혹은 불법 소프트웨어를 의미한다. 이것은 불법적으로 복사된 소프트웨어이다. 때때로 이러한 소프트웨어들이 컴퓨터에 치명적인 손상을 입힐 수 있는 바이러스들을 포함하고 있다.

요약

이 과는 다음의 정보를 포함하여 컴퓨터가 어떻게 작동하는지에 관한 기본적인 정보를 소개하였다.

- 컴퓨터의 구성요소
- 컴퓨터는 어떻게 작동하는가
- 소프트웨어는 어떻게 작동하는가
- 컴퓨터의 메모리는 어떻게 작동하는가
- 데이터는 어떻게 저장되는가

학습문제

1. 컴퓨터가 무엇인지 설명하라.
2. 컴퓨터의 다양한 네 가지 유형을 설명하라.
3. 컴퓨터가 어떻게 작동하는지 짧게 설명하라.
4. 하드웨어란 무엇인가?
5. 소프트웨어란 무엇인가?
6. 컴퓨터의 중앙처리장치란 무엇인가?

   그것은 왜 컴퓨터의 운영에 중요한가?
7. 컴퓨터의 응용과 이용에 대해 4가지 정도를 서술하라.
8. 2진법 체계란 무엇인가?
9. 비트란 무엇인가?
10. 바이트란 무엇인가?
11. 컴퓨터 '메모리'의 의미는 무엇인가?
12. RAM이란 무엇인가?
13. 저장장치란 무엇인가?
14. 디스켓이란 무엇인가?
15. 하드드라이브란 무엇인가?
16. 데이터베이스란 무엇인가?
17. 디스켓과 하드드라이브의 주요 차이점은 무엇인가?
18. 자기테이프는 무엇이며 그것은 하드드라이브와 어떻게 다른가?
19. 백업 파일의 개념에 대해 설명하라.
20. 광(光) 디스크란 무엇인가?
21. 문서(화)란 무엇이며 그것이 왜 그렇게 중요한가?
22. 바이러스는 컴퓨터에 어떻게 피해를 줄 수 있는가?

연습: 조언

연습 1

이 모듈의 주요 목적 중의 하나는 여러분의 기관에 있는 컴퓨터 유형과 사무처리 절차를 어떻게 전산화할 것이지를 결정하는 과정에 대해서 여러분이 생각하는 것에 도움을 주는 것이다. 이러한 결정들은 컴퓨터 시스템이 기관의 목적에 맞고 조화가 될 수 있도록 상당한 심사숙고와 계획을 한 후에 이루어져야 한다.

> *이 문제는 다른 모듈에서 더 상세하게 다루어진다. 특히『기록관리전산화(Automating Records Services)』 및 『기록관리의 인적·물적 자원(Managing Resources for Records and Archives Services)』 은 장비구입을 위한 계획들에 대해서도 논의한다.*

사용되는 컴퓨터의 유형을 고려하는 것도 중요하다. 왜냐하면 여러분은 기록관리 전문가로서 그러한 컴퓨터 기술에 의해 만들어진 기록들을 받는 것과 연관될 것이기 때문이다. 그러한 기록들을 잘 관리하기 위해서 사용되는 장비들과 수행하는 임무를 이해하는 것은 중요하다.

> *이 문제는『전자기록물 관리(Managing Electronic Records)』에서 보다 상세히 논의되어 있다.*

연습 2

이 연습은 연습 1에서 여러분이 했던 조사에 이어진다. 소프트웨어 패키지를 구동시기기 위해 컴퓨터가 어떤 요구사항을 충족하여야 하는지를 이해한다는 것은 중요하다. 새로운 어떤 소프트웨어를 얻기 전에 여러분의 컴퓨터가 그 소프트웨어를 구동시킬 수 있는가를 체크하라. 반복컨대, 컴퓨터를 구매할 때 여러분이 가진 장비가 현재의 요구에 적합하다는 것과 그것이 대체될 필요가 있을 때까지 어느 특정기간동안 향후에 필요한 요구를 충족시킬 것인지를 확신할 수 있도록 단기계획 및 장기 계획이 필요하다.

연습 3

여러분은 다음과 같은 간단한 플로우 차트를 그릴 수 있다.

키보딩, 스캐닝, 혹은 디스크로부터 데이터를 복사하는 것 등에
의하여 문자입력이 이루어진다.

데이터는 컴퓨터에 의해 처리된다.

데이터는 플로피디스크, 하드디스크 혹은 자기테이프
등과 같은 저장장치에 저장된다.

컴퓨터는 인쇄된 문자형태로 결과물을 산출하거나,
미래의 이용이나 참조를 위하여 컴퓨터에 전자형태로 결과물을 생산한다.
남아있게 될 지도 모르는 전자적인 형태로 출력을 생산한다.

연습 4

이 연습은 여러분으로 하여금 여러분의 기관에서 어떤 유형의 컴퓨터와 소프트웨어가 사용되고 있는지 정확히 판단하는데 도움을 주고, 또 여러분이 다양한 컴퓨터 구성요소와 서로 친근해 지도록 고안되었다.

연습 5

다른 연습들처럼, 이 연습도 여러분 컴퓨터의 모든 구성요소들을 아는 것이 중요하다는 것을 강조하고 있다. 여러분이 어떤 유형의 소프트웨어를 설치할 것인지, 얼마나 큰 컴퓨터 파일을 생성할 것인지, 또는 정보를 보다 작은 컴퓨터파일로 쪼갤 것인지를 결정할 때 그것이 어느 정도의 메모리를 가지고 있는지를 아는 것이 중요하다.

여러분은 여러분 기관에서 컴퓨터나 소프트웨어 구매 문제와 관련하여 의사결정권이 있는 관리책임자에게 물을 수 있다. 가능한 한 이것이 어떻게 이루어지는지에 대해서 알아보고 이 부분의 컴퓨터화에 대해 가능한 한 많이 배우도록 해라.

연습 6

다시, 이 연습은 여러분이 여러분 기관에서 컴퓨터가 어떻게 사용되는지를 이해하는 것을 돕기 위해 고안되었다. 백업하는 것은 정보 및 기록보존에 매우 중요하다.

이 문제는 『전자기록물관리(Managing Electronic Records)』와 『Automating Records Services(기록관리전산화)』에서 보다 상세히 논의되고 있다.

컴퓨팅 환경

이 장에서는 메인프레임(mainframe) 컴퓨팅, 네트워크(Intranet 등) 그리고 인터넷 이 세 가지의 컴퓨팅 환경을 점검한다. 여기서는 메인프레임, 네트워크, 인터넷 작업을 어떻게 하는가에 관련된 주요 개념이 소개된다.

이 과는 메인프레임 컴퓨팅, 네트워크, 그리고 인터넷의 기술적인 세부사항들을 이해하기 쉽도록 설명을 제공하기 위해 고안된 것이 아니라는 점을 염두에 두라. 여기에 제공되는 정보는 여러분에게 주요 개념과 이 컴퓨팅 환경의 개관을 소개하기 위한 것이다.

1. 메인프레임 컴퓨팅

메인프레임 컴퓨팅은 계산 능력이 값비싸고 희귀한 자원으로 인식되던 시절에 발전되었다. 값비싼 컴퓨터 기술을 효율적으로 사용하기 위해 기관들은 그들의 자원을 공유하여야만 했다. 송장(invoicing), 구매(purchasing), 봉급(payroll), 회계(accounting) 등과 같은 사항을 전산화한 많은 응용프로그램이 대개의 기관들에 도입되었다.

만일 메인프레임 컴퓨팅 모델을 필요로 한 주 이유가 비용과 사원의 희귀성 때문이라면, 현재 컴퓨터 능력을 공유하는 이유는 다음과 같은 것들 때문이다.

- 안전성(security) : 외부나 불법적인 접근으로부터 데이터의 보호
- 무결성(integrity) : 데이터가 조작되지 않는다는 것과 같은 응용프로그램과 데이터를 사용해서 재현성을 얻을 수 있음을 보장하는 것.
- 시스템 활용성(system availability) : 중앙 집중화된 시설들은 IT 장비에 대한 투자를 극대화하고, 대량의 데이터 처리가 효율적으로 수행될 수 있도록 하루 24시간 교대 운영 팀에 의해 운용될 수 있다.
- 데이터 공유(data sharing) : 기관의 어느 한 부서에서 입력되고, 만들어진 자료가 다른

부서에서도 이용 가능하게 된다.
- 응용프로그램(applications) : 인사관리시스템과 같은 현대의 많은 응용프로그램은 공유 자원풀에 대한 접근을 요구한다.

오늘날 메인프레임 컴퓨팅은 더 이상 값비싼 자원이 아니지만, 공유는 여전히 컴퓨터의 능력을 제공하는 비용 효과적인 수단이다. 최근 연구는 개인 사용자 수준에서 볼 때 메인프레임 컴퓨팅이 최소한의 연산처리 비용 형태를 제공한다는 것을 보여주고 있다.

메인프레임 환경은 단지 하드웨어만을 포함하는 것은 아니다. 메인프레임 시스템의 안전성, 무결성 그리고 활용성은 컴퓨터 센터가 필수적인 기술을 가진 사람들로 구성될 때 그리고 일련의 실제 상황에 적합한 수준의 안전성, 무결성, 활용성을 보장하는 규정(즉, 처리절차)에 의해 관리될 때 달성될 수 있다. 이것이 '메인프레임 환경'이다.

> *메인프레임 환경에서는 많은 사람들이 메인프레임 컴퓨터에*
> *대한 접근을 공유한다.*

대규모 중앙 처리장치는 그것을 유지하는 책임을 진 사람들로 조직된 컴퓨터 센터에서 유지된다. 기관에 소속된 개인들은 책상 위에 있는 그들의 단말기를 통해 소프트웨어 프로그램이나 전자화된 데이터 같은 기관의 일반적인 자원을 공유하기 위해 메인프레임 컴퓨터에 접근한다. 오늘날 우리가 그 단어를 사용할 때 메인프레임은 사실상 메인프레임이 운용되는 '환경'이라는 말로 더 잘 이해된다. 다시 말해, 물리적인 환경; 즉 폐쇄된 문 뒤 메인프레임이 있는 장소에 조절된 온도와 습도 그리고 물리적인 안전성 등이다.

메인프레임 컴퓨터는 다음에 주어진 업무 응용프로그램을 지원하는 도구로 사용된다.

- 인가용 응용프로그램을 처리하는 것
- 정부의 급여관리 정보를 처리하는 것
- 재정·회계를 처리하는 것
- 환경자원 정보를 처리하는 것

이러한 모든 응용분야의 공통분모는 작업과정과 그 과정을 처리하기 위해 정해진 규정들이다. 누구나 전체 작업과정의 일부를 떠맡고 있고, 누구나 맡은 일이 만족스럽게 수행되고, 데이터가 완성되고, 일관성 있도록 하기 위하여 요구되는 절차에 따라 개개인의 일을 완수

해야 한다.

예를 들어, 만일 열 명의 사람들이 정부의 급여관리에 책임이 있다면 각자는 할당된 업무에 대한 책임을 가질 것이다. 그들은 메인프레임 컴퓨터를 통하여 똑같은 데이터베이스에 접근할 것이고, 각각은 그 작업이 완성되었다고 생각되기 전에 그들의 업무를 적절하게 완성해야만 한다.

정부의 급여관리 정보처리와 같은 주어진 작업과정에 대한 자동화는 때때로 정보시스템으로 간주된다.

정보시스템(*Information system*): 주어진 사업 목적을 지원하기 위한 정보, 기술, 처리과정 및 사람의 조합.

메인프레임은 대부분이 기관을 위한 데이터나 응용프로그램의 저장소이다. 그것은 또한 대부분의 온라인 업무활동의 중추이다. 메인프레임은 주요 기관들이 그들의 사업을 수행하는데 필요한 데이터의 90%를 수용한다고 알려져 있다. 메인프레임 기술이 사양화되고 있다는 문제 제기에도 불구하고 메인프레임 하드웨어와 소프트웨어의 판매는 꾸준히 지속되고 있다. '메인프레임'이라는 단어는 항상 사이즈가 큰 어떤 것이라는 이미지를 주었다. 처음에는 방안을 채울 정도의 커다란 크기였지만, 오늘날에는 가정용 냉장고 크기보다 크지 않다. 메인프레임의 정교한 능력은 30년 전보다 더 많이 성장했다. 기관들은 여전히 수행능력, 신뢰성과 안전성 면에서 그것들의 장점을 인식하고 있다.

2. 네트워크 컴퓨팅

네트워크 컴퓨팅 환경은 한 기관 내에 있는 개인용 컴퓨터들을 네트워크로 연결하여 서로 링크시키는 것이다.

컴퓨터 네트워크 유형에는 여러 가지가 있다.

> ***근거리통신망(Local Area Network)*** *:* 빌딩이나 기관 혹은 대학 캠퍼스 같이 비교적 제한된 영역 내에 위치한 컴퓨터 네트워크 LAN 이라고도 한다.
>
> ***원거리통신망(Wide Area Network)*** *:* 넓은 지역에 걸쳐있는 컴퓨터 네트워크

세계적으로 약 25,000,000의 컴퓨터들이 LAN으로 연결되어 있는 것으로 추산된다. 개인용 컴퓨터, 심지어 메인프레임 컴퓨터를 네트워크화하는 목적은 기관이 소속직원들에게 다음과 같은 것을 하도록 허락하는 것이다.

- 전자 메시지를 활용해서 기관 외부의 사람들뿐만 아니라 기관 내부의 직원들과 서로 교류하도록 하는 것
- World Wide Web에서 지원하는 정보와 서비스에 접근하도록 하는 것
- 문서와 데이터를 공유하는 것
- 특정 임무의 자동화를 기반으로 기관 내의 다양한 작업처리 과정을 지원하는 것

네트워크 환경은 매우 단순한 것에서부터 매우 복잡한 것에 이르기까지 다양하다. 어떤 네트워크는 단순히 전자메일을 지원하기 위해 사용된다. 또 다른 네트워크는 직원들이 전자 메일을 통해 전자문서를 교환하고, 문서를 공유할 수 있고, 그들의 작업그룹 또는 프로젝트 팀의 작업을 수행할 수 있게 한다. 가장 정교화된 기관은 전체 작업과정을 자동화할 수도 있다. 예를 들면, 상사에게 보낸 편지에 대한 답장과 같은 초안문건은 종이(상사의 승인을 필요로 하는 최종 버전을 제외하고)에 인쇄할 것 없이 다양한 승인단계(업무실무자에서 계장, 과장, 그 이상의 상사를 거치는 단계와 같은)를 거쳐 보내진다.

> *컴퓨터 네트워크는 단순하고 적은 수의 컴퓨터로 제한될 수도 있고 많은 수의 컴퓨터를 연결함으로써 복잡하게 될 수도 있다.*

네트워크로 연결되지 않은 컴퓨터는 단독 처리형 컴퓨터로 불린다. 컴퓨터가 케이블이나 다른 통신채널을 사용하여 지역 네트워크에 물리적으로 연결될 때, 그 컴퓨터는 네트워크 상에서 워크스테이션이 된다. 워크스테이션, 서버, 프린터 등을 포함하는 네트워크 상에 각

장비는 '노드(node)'라는 개념으로 취급된다.

노드: 네트워크상의 처리지점, 네트워크 분기점이나 단말장치의
접속점

워크스테이션이 가지고 있는 모든 일반적인 자원은 개인용 컴퓨터 환경(하드드라이브, 소프트웨어, 데이터, 프린터)에서도 존재한다. 그러나 워크스테이션 사용자들은 지역 워크스테이션과는 다른 프린터, 데이터 파일을 위한 저장공간, 응용소프트웨어를 포함하고 있는 네트워크 자원에 접근할 수 있을 것이다. 네트워크 상에서 네트워크 서버는 전형적으로 응용 소프트웨어와 데이터 파일을 위한 저장공간을 제공한다.

네트워크 서버: 네트워크로 연결되어 있고 네트워크 사용자에게
자원을 제공하거나 분배하는 컴퓨터

네트워크는 특수한 기능을 수행하기 위하여 다양한 유형의 서버를 사용한다. 예를 들면, 파일서버는 파일을 저장하는 데에 기여하는 컴퓨터와 저장장치이다.

파일서버: 컴퓨터 네트워크 내에 있는 워크스테이션에 응용프로그램과 데이터 파일을 제공하거나 분배하는 컴퓨터. 파일서버의 하드드라이브는 네트워크에 있는 워크스테이션에 의해 공유된다.

네트워크에 연결된 어떤 사용자라도 서버에 파일을 저장할 수 있다. 다른 유형의 서버는 하나 또는 그 이상의 프린터를 관리할 수 있는 프린터 서버와 데이터베이스의 요구사항을 처리할 수 있는 데이터베이스 서버를 포함한다.

대부분의 네트워크 사용자들은 파일서버를 이해할 필요가 있을 것이다. 왜냐하면 파일서버가 네트워크 상에서 그들의 파일을 저장할 곳이기 때문이다. 전형적인 근거리통신망은 파일서버로 강력한 PC를 사용한다. 그러나 미니컴퓨터나 메인프레임 컴퓨터도 파일서버가 될 수 있다. 파일서버는 전용서버, 비전용서버, 응용서버 이 세 가지로 분류된다.

전용서버는 워크스테이션으로 프로그램과 데이터 파일을 운반하는 역할만 한다. 전용서

버는 워크스테이션을 위한 데이터나 운영프로그램을 처리하지 않는다. 대신 프로그램은 워크스테이션의 메모리나 처리기를 사용하여 작동한다.

어떤 경우에는 네트워크 컴퓨터가 파일서버와 워크스테이션의 두 가지 역할을 수행한다. 비전용 파일서버가 사용될 때 컴퓨터 워크스테이션은 보통의 워크스테이션처럼 기능하지만 다른 워크스테이션은 프로그램과 사용자의 컴퓨터 워크스테이션의 하드디스크로부터 데이터 파일로 접근할 수 있다.

응용서버는 응용소프트웨어를 구동하고 요구가 있을 때 워크스테이션으로 처리한 결과를 구동하는 컴퓨터이다. 응용서버는 서버와 워크스테이션 양쪽의 처리능력을 이용할 수 있도록 해준다. 응용서버를 이용하여 워크스테이션 클라이언트와 네트워크 서버간의 처리 과정을 나눌 수 있다. 이 방법은 클라이언트/서버 아키텍쳐라고도 한다.

몇몇 네트워크는 대개 단말기를 가지고 있는 미니 컴퓨터나 메인프레임 컴퓨터와 같은 호스트 컴퓨터를 포함한다. 단말기는 키보드와 스크린을 갖고 있지만 그 자체에는 저장장치나 처리장치를 갖고 있지는 않다. 단말기가 호스트 컴퓨터에 연결될 때 모든 처리과정은 호스트에서 일어난다.

LAN상에 있는 소프트웨어는 전형적으로 워드프로세싱, 스프레드시트, 데이터베이스 관리 등과 같은 개인용 컴퓨터 환경에서 사용될 수 있는 동일한 응용프로그램들을 포함하고 있다. 그러나 네트워크 사용이 증가됨에 따라 기관은 문서 유통과 공유를 쉽게 하는 소프트웨어를 요구하기 시작하였다. 이 소프트웨어에는 그룹웨어와 작업흐름(workflow) 소프트웨어가 포함된다.

그룹웨어(Groupware): 일정관리, 문서공유, 그룹내의 의사소통 등을 통해 사용자 그룹간에 공동작업을 지원하는 응용소프트웨어.

본질적으로, 그룹웨어는 일련의 문서전체를 관리하고 사용자들이 동시에 문서에 접근하도록 허용한다. 그룹웨어의 주요한 특징은 그룹 구성원 한 사람 이상이 문서를 교정할 때, 문서 내에 모든 교정내용을 유지·관리하는 문서의 버전관리이다.

작업흐름(Workflow) 소프트웨어 : 정해진 순서와 시간 내에 이 사람에서 저 사람에게로 전자적으로 문서를 배달하는 경로를 자동화 한 소프트웨어.

작업흐름 소프트웨어는 일련의 단계나 처리절차를 용이하게 한다. 작업흐름 소프트웨어는 그룹웨어의 '정보중심의 모형'에 반대되는 것으로서 '정보처리과정중심의 모형'에 기본을 두고 있다. 작업흐름 소프트웨어에서는 일련의 단계들에 초점을 두고 있고, 그룹웨어 소프트웨어에서는 문서에 초점을 둔다.

동등계층간 네트워크(Peer-to-peer network): 각각의 워크스테이션이 대등한 능력과 책임을 갖는 네트워크의 형태.

동등계층간 네트워크는 네트워크 서버가 없이 수많은 PC를 서로 연결시킨다. 이것이 가장 값이 싼 네트워킹 방법이고, 파일과 프린터가 공유되는 동안에는 네트워크 서버가 가지고 있는 폭넓은 장점이 상실된다.

컴퓨터 네트워크의 주요 장점은 개개의 사용자들이 그들만의 자원을 보유하기보다는 모든 사용자들이 자원을 공유할 수 있다는 것이다. 소프트웨어를 중복하여 여러 개 구매할 필요가 없다. 대신 모든 사람들이 동시에 프로그램을 사용하는 것을 가능케 하는 네트워크 내에서 소프트웨어를 사용할 수 있는 허가증을 사는 것이다.

컴퓨터 네트워크가 이용될 때 네트워크 내에 파일을 검색하고 저장하는 것은 독립형의 컴퓨터 내에서 사용되는 과정과 크게 다르지 않다. 그러나 네트워크 사용 시에는 보안이 큰 문제가 된다. 이제 정보는 모든 사람들에게 접근이 가능하며 민감하고 개인적인 정보는 보호될 필요가 있다.

하나의 기관에 속해 있고 그 기관의 구성원에 의해서만 접근이 가능한 내부 네트워크는 종종 인트라넷(Intranet)이라고 한다.

인트라넷(Intranet): 한 기관에 속해 있고 그 기관의 구성원에 의해서만 접이근 가능한 내부 네트워크

[연습 7]

여러분의 부서가 갖고 있는 컴퓨터는 독립형 컴퓨터, 대용량 컴퓨터, 네트워크 컴퓨터 중 어떤 것인가? 컴퓨터 관리를 책임지고 있는 사람에게 왜 이러한 유형의 컴퓨터를 선택하게 되었는지 물어 보라. 나중에 컴퓨터 시스템을 바꿀 계획이 있는지 알아 보라. 또 그 이유는 무엇인가?

3. 인터넷

인터넷은 초창기 4대의 컴퓨터를 가지고 했던 실험에서 시작하여 수백 만대의 마이크로 컴퓨터, 미니 컴퓨터, 메인프레임 컴퓨터들을 연결한 거대한 정보 네트워크로 지난 30년에 걸쳐서 발전되어 왔다. 1998년 현재, 인터넷은 세계적으로 1억 이상의 사용자를 가지고 있으며 그 수는 급속히 증가하고 있다. 인터넷은 계획적으로 분산되었고 이러한 계획적인 무질서가 현저하게 잘 진행되고 있다.

> **인터넷 :** 데이터를 교환하고 업무처리를 분배하기 위해 상호 연결된 국지적, 지역적, 국가적 규모의 컴퓨터 네트워크 집합체.

인터넷에 접속하는 다양한 방법이 있는데 그 중 가장 흔한 것은 인터넷 서비스제공사(ISP)를 통하는 것이다. ISP는 기업, 기관, 개인들에게 인터넷 접속을 제공하고 요금을 부과하는 회사이다. ISP는 사용자들에게 필요한 통신용 소프트웨어(전자메일 같은)와 사용자 계정을 제공한다. 사용자들은 컴퓨터에 그들의 전화선과 연결해 주는 모뎀을 장착한다. 사용자 컴퓨터는 ISP 컴퓨터로 전화를 걸어 전화선을 통해 연결한다. 일단 ISP에 연결되면 사용자 컴퓨터와 인터넷상에 데이터를 위한 길이 열린다. 대부분의 ISP는 부가적인 서비스와 함께 전화방식의 인터넷 연결과 전자메일 접속을 제공한다. 몇몇 ISP는 독점소프트웨어를 사용하지 않고도 인터넷으로의 직접 접속을 가능하게 한다.

> *인터넷은 컴퓨터 네트워크를 통하여 수백만의 사람과 접속한다.*

인터넷에 일시적인 연결을 설정하기 위해 전화선을 이용한 연결을 'dial-up' 연결이라 한다. 만일 사용자의 컴퓨터가 끊어지면 그 연결은 끊어진다. 전화선은 데이터를 전송하는데 있어 매우 좁은 통로를 제공한다. 그것의 전형적인 용량은 겨우 초당 28.8kbps이다. 680 Mbyte CD-ROM의 내용을 전송하는데 전화선을 사용하면 약 53시간이나 걸릴 것이다. 보다 빠른 디지털 데이터 전송은 세계 곳곳에서 몇몇 텔레콤 제공업자들로 인하여 가능해지고 있다. WWW는 사용하기가 쉬운 정보원으로서 1990에 만들어졌다.

> *World Wide Web :* 사용자들이 세계 곳곳의 컴퓨터들에 있는 유용
> 한 정보들을 검색할 수 있게 하는 컴퓨터 네트워크 시스템.

WWW는 정보검색에 흥미를 느끼는 수백만의 사람들에게 인터넷을 개방했다. 세계 곳곳에는 백 만개 이상의 웹사이트가 있고, 그 수는 매우 빠르게 증가하고 있다. WWW는 특정한 주제에 관한 정보를 포함하고 있는 웹 페이지라 불리는 문서들로 구성되어 있다. 웹 페이지는 한 개 혹은 그 이상의 다른 웹 페이지로 갈 수 있는 링크를 포함하고 있다.

> *링크:* WWW와 같은 환경에서 다른 문서에 대한 참조로, 사용자
> 들이 컴퓨터 마우스를 가지고 화면의 참조사항을 클릭함으로써 직
> 접 갈 수 있다.

링크는 다른 나라에 소재하고 있는 컴퓨터에 저장된 페이지조차도 관련 정보의 실마리를 쉽게 추적할 수 있게 해준다. 모든 웹 페이지는 HTML 문서로 저장되어 있다.

> *HTML(HyperText Mark-up Language):* WWW가 어떻게 작동하는
> 가를 통제하는 주요 표준 중 하나이다. 그것은 어떻게 웹 페이지가
> 포맷되고 전시되는가를 결정하는 SGML 문서형태이고, 정보가
> WWW상에서 교환되는 것을 가능하게 한다.

> *SGML(Standardized General Mark-up Language):* 문서의 구조와 정
> 황을 유지하는데 있어 문서에 적용될 수 있는 메타언어.

HTML 문서는 웹 페이지의 글자, 그림, 배경을 어떻게 보여줄 지를 웹브라우서에게 말해주는 HTML 태그라고 불리는 특정한 명령을 담고 있다. 웹 브라우저는 웹 페이지 보기, 컴퓨터간 파일 전송하기, 상업적 정보 서비스에 접근하기, 전자메일 보내기, 그리고 다른 인터넷 사용자와 상호작용 하는 데에 사용되고 있다.

> *웹 브라우저 :* 사용자가 웹사이트에서 페이지를 찾아보는 것을
> 가능하게 하는 응용소프트웨어. 브라우저로 알려져 있다.

웹 페이지를 보기 위해서 사용자는 URL 주소를 입력하거나 웹 페이지 링크를 클릭하기 위하여 마우스를 사용한다.

URL(Uniform Resources Locator): WWW 상에 있는 문서와 다른 자원들의 세계적인 주소. URL은 FTP(File Transfer Protocol, ftp://)를 사용하거나, HTTP(Hyper Text Transfer Protocol, http://)를 사용하여 웹 페이지를 불러올 수 있는 실행파일을 지정할 수 있다.

---

http:// 뒤이어 나타나는, 주소 다음부분은 서버 이름이다. 서버는 데이터를 이용 가능하게 하는 컴퓨터 혹은 소프트웨어이다. 예를 들어, 웹서버는 인터넷을 통하여 웹 페이지를 전송하도록 웹서버 소프트웨어를 사용하는 컴퓨터이다. 대부분의 웹서버는 WWW라고 앞에 붙여진 도메인 이름을 갖고 있다. 웹서버 이름을 입력하면 홈페이지에 접속하게 된다.

홈페이지: 웹사이트 주요 페이지. 전형적으로 홈페이지는 사이트(주소)에 저장된 다른 문서에 있는 내용의 색인이나 도표로서 역할을 한다.

웹사이트: WWW 상에 위치를 말함.

홈페이지는 책에 있는 제목 페이지나 목차와 유사하다. 홈페이지는 사이트를 확인하고 그 사이트에 있는 다른 페이지로 가는 링크가 들어 있다. 다음은 ICA에 속해 있는 홈페이지의 예로 Microsoft Explorer라는 브라우저 소프트웨어의 특수한 형태를 이용하여 본 것이다.

웹 브라우저는 인터넷상에 있는 무료 사이트뿐 아니라 상업적인 정보 서비스에 접속하는 관문이기도 하다. 상업적인 정보서비스는 요금을 얻기 위하여 컴퓨터에 기반한 정보에 접근하는 것을 제공한다. 1997년에는 대략 천7백만의 사람들이 상위 4대 상업적 정보 서비스(America On-Line, Compuserve, Microsoft Network and Prodigy)에 등록했다.

서버는 웹 페이지를 위한 데이터를 인터넷을 거쳐 컴퓨터로 보낸다. 데이터는 두 가지를 포함한다. 사용자들이 보기를 원하는 정보와 브라우저가 그것을 어떻게 보여주는가를 말해주는 명령들이다. 그 명령들은 배경 색깔, 텍스트 크기, 그래픽 위치 등의 세부사항들을

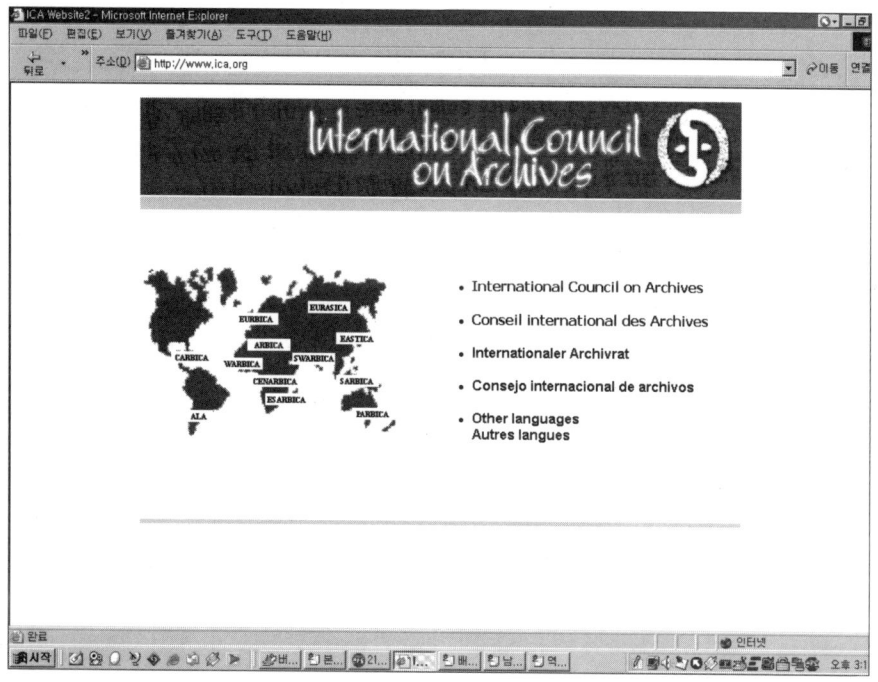

그림 1 : 홈페이지 화면의 예

포함하고 있다. 부가적인 명령들은 사용자들이 링크를 클릭 했을 때 브라우저가 무엇을 해야하는 지를 말해준다. 브라우저의 메뉴와 도구 바는 링크를 따라감으로써 사용자들이 웹을 항해하는 것을 돕는다. '뒤로', '앞으로' 버튼은 한 웹 페이지에서 다른 웹 페이지로 따르게 되는 링크를 통하여 사용자들의 경로를 추적한다. 브라우저는 방문한 페이지의 목록을 저장하거나 보여줄 수 있다. 브라우저는 또 사용자들이 매번 사이트의 URL을 입력해야만 하는 내신에 보기를 원하는 사이트로 직접 가도록 허락하는 북마크라고 하는 즐겨찾기 사이트에 주소목록을 저장할 수 있다.

 사용자들은 검색엔진을 사용하여 웹에 있는 정보를 검색할 수 있다. 많은 웹사이트가 검색엔진을 제공하고 있고, 인터넷 서비스 제공자(Internet Service Provider)는 이러한 사이트들을 링크할 것이다.

검색 엔진: 특정한 키워드에 대한 문서를 검색하고 키워드가 찾아진 곳에서 문서목록으로 되돌리는 프로그램.

[연습 8]

가능하면, 인터넷에 연결될 수 있는 컴퓨터를 구하라. 만일 여러분이 인터넷 접속에 익숙하지 않다면, 인터넷 접속을 도와 줄 수 있는 사람을 찾아서 인터넷을 실행하고 다음과 같은 사항을 찾아 이용할 수 있는지 알아보라.

> 뒤로 버튼
> 앞으로 버튼
> 북마크

URL에 글자를 입력하여 다음과 같은 웹사이트를 찾을 수 있는가?

International Council on Archives : http://www.archives.ca/ICA/

UNESCO : http://www.unesco.org/webworld

Public Record Office(UK) : http://www.pro.gov.uk/

완료했다면, 여러분이 어느 사이트에 접속할 수 있었는지 그리고 어떤 어려움은 없었는지 써라.

키워드로 검색하여 다음과 같은 웹사이트를 찾을 수 있는가? 검색을 위해 여러분이 거쳐야 할 각 단계를 써라.

> National Archives Canada
> National Archives Records Administration(US)
> National Archives Australia
> International Records Management Trust

여러분의 정부의 웹사이트를 찾을 수 있는가? 여러분이 속해있는 기록보존소는 웹사이트를 갖고 있는가? 그것을 찾을 수 있는가?

다 마쳤다면, 이 연습과 결과를 인터넷을 아는 친구나 동료와 토론하라. 그리고 결과를 찾는 속도를 높이거나 검색의 정확성을 증가시키기 위해서 어떻게 작업할 것인지 토론하라.

요약

이 과는 3가지 컴퓨터 환경에 대한 기본적인 정보를 소개하였다 : 메인프레임 컴퓨팅, 네트워크(Intranet 등), 인터넷. 이들의 주요 기술을 설명하고 이 환경들이 어떻게 작업하는지를 논의하였다.

학습문제

1. 컴퓨팅 환경이란 무엇인가?
2. 메인프레임 환경이란 무엇인가?
3. 정보시스템의 개념에 대해서 설명하라.
4. 퍼스널 컴퓨팅 환경은 무엇인가?
5. 네트워크 컴퓨팅 환경은 무엇인가?
6. 기관 내에서 누군가가 작업을 하는데 있어 네트워크 컴퓨팅 환경이 왜 가치있는 방법이 될 수 있는가?
7. 직원이 네트워크를 이용하여 할 수 있는 네 가지는 무엇인가?
8. LAN이란 무엇인가?
9. WAN이란 무엇인가?
10. 네트워크 서버는 무엇인가?
11. 인트라넷이란 무엇인가?
12. 컴퓨터 네트워크의 장점과 단점은 무엇인가?
13. 인터넷은 무엇인가?
14. ISP란 무엇인가?
15. WWW란 무엇인가?
16. URL이란 무엇인가?

연습 : 조언

연습 7

이 연습은 이 과에 기술된 개념들을 여러분이 이해할 수 있도록 돕고, 그것들을 여러분 작업현장에서 실제로 적용할 수 있도록 고안되었다. 여러분의 기관에 컴퓨터가 거의 없거나, 네트워크 연결이 안 되었거나, 네트워크로 연결된 거대한 시스템을 가지고 있을지도 모른다. 특별한 컴퓨팅 환경의 목적을 생각해보는 일이 중요하며 또 그것이 그 시점에서 가장 쉬운 방법이기 때문에 선택한 것이 아니라는 것이 중요하다.

> 이 문제는 『기록관리전산화(Automating Records Services)』에 보다 상세하게 논의되었다. 계획에 대해서는 『기록관리의 전략계획(Strategic Planning for Records and Archives Services)』및 『업무체계분석(Analysing Business System)』에서 논의되었다.

연습 8

만일 여러분이 인터넷에 접속할 수 있고 몇몇 특징들을 재현시킬 수 있다면, 여러분은 놀라운 선택의 다양성을 발견하겠지만 또한 쉽고 빠르게 정보를 찾기 위해 노력에도 불구하고 좌절할 수도 있는 복잡성도 발견하게 될 것이다.

URL에 쉽게 접속할 수 있는가? 때로 기관들은 그들의 전자주소를 바꾸어서 새로운 사이트를 찾는 것이 매우 어려울 때가 있다. 그것은 전화번호를 바꾸는 것과 같다. 전화번호부가 갱신되지 않는다면 사람들은 어디서 그것을 찾아야 할지를 알지 못할 것이다. 그리고 많은 사람들은 인쇄물이나 정보교환 시 이 URL을 언급하기 때문에, 다른 사람들은 오래되어 구식이 된 이 URL들에 접속하려고 애쓸 수도 있다.

다음 네 개의 웹사이트 URL을 검색해 보라.

National Archives of Canada :
        http://www.archives.ca/
National Archives and Records Administration(US) :
        http://www.nara.gov/
National Archives of Australia :
        http://www.naa.gov.au/

International Records Management Trust :

http://www.irmt.org

만일 여러분이 이 연습을 동료와 논의한다면, 인터넷을 보다 효율적으로 사용할 수 있는 방법에 대해 생각을 교환할 수 있을 것이다.

컴퓨터 응용소프트웨어

응용소프트웨어는 사용자들이 작업 수행을 위해 접근하는 프로그램들이다. 이 과는 학생들에게 특별히 사용될 수 있는 데이터베이스와 전자메일 이 두 가지의 응용소프트웨어를 시험한다. 데이터베이스와 전자메일 작업을 하는 방법과 관련된 주요 개념들을 소개한다.

이 과는 모든 응용소프트웨어의 기술적인 세부사항을 이해하기 쉽도록 설명을 제공하기 위하여 의도된 것이 아니라는 점을 기억하라. 다른 응용소프트웨어인 워드프로세서, 스프레드시트, 프리젠테이션도 마찬가지이다. 이러한 유형의 소프트웨어에 대한 간단한 설명은 1과에서 찾아볼 수 있을 것이다.

1. 데이터베이스

데이터베이스는 하나 또는 그 이상의 컴퓨터에 저장된 정보의 집합이다.

> *데이터베이스:* 다양한 응용프로그램들을 충족시키기 위하여 고안된, 그러나 그것들을 독립적으로 관리하는 논리적으로 연관된 데이터의 구조화된 집합.

보다 명확히 설명하면, 데이터베이스는 집적된 레코드의 자기기술적(self-describing)인 집합이다. 데이터베이스는 사용자의 원천데이터 외에, 그 자신의 구조를 기술한다는(이를테면 데이터 사전에서 처럼) 점에서 자기기술적이다. 그것은 데이터의 독립성을 가능하게 만드는 것은 데이터사전이다. 예를 들면, 데이터베이스 관리시스템은 데이터 필드를 레코드로 인도하며 다른 유사한 전송을 다룬다.

> 데이터베이스는 컴퓨터에 저장된 정보의 집합이다.

　1960년대 중반에 대규모의 기관들은 메인프레임 데이터베이스 기술 능력을 관리 기능에 적용하기 시작했다. '컴퓨터'라는 단어가 암시하고 있듯이, 원래 대부분 컴퓨터의 관리적 이용은 문자보다는 숫자를 처리하는 과정이었다. 이것은 대개 작업 흐름이 예측가능하고 일상적인 방대한 양의 수치적인 계산을 포함하는 활동이었다. 예를 들면, 전형적으로 급여, 회계관리, 인사기록 등이다.

　파일 처리의 제한은 데이터의 손쉬운 통합을 방해했다. 데이터베이스 기술은 이러한 문제의 해결을 위한 전망을 제시했고, 그래서 대규모 기관들은 조직적인 데이터베이스를 개발하기 시작했다. 회사들은 이러한 데이터베이스에서 주문거래, 재고, 회계처리 데이터 등과 같이 그들의 운영상에 필요한 데이터를 중앙집중화 하였다. 이러한 데이터베이스 응용은 주로 전조직차원의 업무활동 처리 시스템이었다.

　원래 데이터베이스 처리는 메인프레임 환경에서 사용하도록 개발되었다. 그러나 1970년대 말에서 1980년대 초에 데이터베이스 기술은 메인프레임에서 개인용 컴퓨터로 이동하기 시작했다. 그 결과 데이터베이스 관리시스템은 점점 더 강력해지고 사용하기 쉬워지기 시작했다. 1980년대 말 중반쯤 PC는 이전에는 상상할 수 없었던 속도로 한 컴퓨터에서 다른 컴퓨터로 데이터를 보내는 것을 가능하게 하는 네트워킹의 도움으로 서로 연결되기 시작하였다. 때마침 사용자들도 그들의 데이터베이스를 공유하기를 원했다. 그리하여 LAN에 다수 사용자 데이터베이스 응용소프트웨어의 개발에 이르게 되었다.

> 데이터베이스는 원래 메인프레임 컴퓨터용으로 개발되었으나,
> 이제는 개인용 컴퓨터나 네트워크로 연결된 환경에서
> 개발되고 있다.

　다음은 데이터베이스 개념에 대한 간단한 설명이다. 데이터베이스의 이해는 데이터 필드에서부터 시작하는 것이 중요하다.

　데이터 필드: 정보의 특정 항목을 위해 마련된 공간. 데이터베이스에서 필드는 접근할 수 있는 정보의 가장 작은 단위이다.

데이터 필드는 정보의 한 부분(이름, 성, 부서, 사원번호, 급여 등)을 담고 있다. 데이터 필드의 집합은 여기서 든 예를 빌자면, 직원 레코드와 같이 하나의 레코드가 된다.

데이터베이스 레코드: 데이터베이스에 있는 정보의 완전한 집합. 레코드는 필드로 구성되어 있으며, 각 필드는 정보의 한 항목을 담고 있다.

레코드의 집합(여기서는 employee record)은 하나의 데이터베이스를 구성한다. 구조화된 데이터 베이스는 전형적으로 유사한 실체의 집합을 설명한 데이터를 저장한다. '급여와 수익'은 실체의 한 예이다. '교육과 훈련'은 또 다른 실체이다. 종업원 데이터베이스는 조직 내에 있는 종업원에 대한 데이터를 저장한다. 의학 데이터베이스는 환자 집단에 대한 데이터를 저장한다. 재고 데이터베이스는 창고에 저장되어 있는 물건에 대한 데이터를 저장한다.

[연습 9]

여러분 기관은 데이터베이스를 사용하는가? 어떤 목적으로 사용하는가? 어떤 종류의 정보가 데이터베이스로 입력되는가? 그것들을 유지하는 책임은 누가 지고 있는가? 누가 그것들에 접근할 수 있는가?

만일 여러분 기관이 데이터베이스를 사용하지 않는다면 여러분이 데이터베이스(인사기록관리나 재고관리 등과 같은)를 사용하여 관리될 수 있다고 보는 세 가지 기능을 써 보라. 만일 여러분 부서가 데이터베이스를 사용하지 않는다면 이전에 수행한 것 외에 데이터베이스를 사용하여 보다 효율적으로 관리될 수 있다고 생각되는 3가지 기능을 써 보라.

데이터 구조는 데이터베이스에 들어있는 레코드에 대한 전반적인 디자인 즉 특정의 상태로 보여지는 필드, 데이터 입력을 위한 필드 및 서브필드의 구성과 관련되어 있다. 데이터 구조는 정보교환이 용이하도록 통일된 형태를 갖추어야 한다.

기본적인 데이터베이스 모델에는 3가지가 있다.

- 계층적 데이터베이스(Hierarchical databases)는 정보를 집합과 종속집합으로 정렬시킨 가지모양으로 나타낸다. 특정 데이터에 대한 접근은 아마 몇몇의 수직 구조로 나 열된 파일을 거쳐야 할 필요가 있을 것이다. 예로, 한 집안의 가계 구조를 수록하고 있는 족보에서 먼 친척을 찾는 것과 같은 과정을 말한다.
- 네트워크 데이터베이스(Network databases)는 파일들 사이에 직접적인 연결을 제공하지만 계층적 데이터베이스와 유사하게 링크가 미리 정의되어 있어 변화시키거나 조정하기가 어렵다.
- 객체지향형 데이터베이스(Object-oriented databases)는 자체 내 포함된 개체(entity, 또는 objects)를 상호 연결한다. 객체(objects)는 문서, 그림, 필름이 될 수도 있고, 개별적으로 선택되고 조작될 수 있는 어떤 항목이 될 수도 있다. 이러한 종류의 데이터베이스는 특히 대규모의 다른 정보를 조직하는데 유용하지만, 그들은 구조화된 수치 분석용으로 설계되지 않았다.

이러한 유형의 데이터베이스에서 발견되는 한계를 보면 왜 대부분의 기관들이 관계형 데이터 베이스(relational databases)로 눈을 돌리는지를 알 수 있다. 관계형 데이터베이스는 다양한 견해를 수용할 뿐만 아니라 수요가 발생될 때 만들어질 수 있는 새로운 링크를 허용한다. 관계형 데이터베이스는 데이터가 어떻게 연결되었는지 또는 그것이 데이터베이스로부터 어떻게 도출될 것인지에 대한 가정이 거의 요구되지 않기 때문에 강력하다. 결과적으로, 동일한 데이터베이스가 다양한 방법으로 보여질 수 있다.

관계형 데이터베이스는 관계라고 불리는 테이블(표)에 사실(facts)을 저장한다. 유일하게 요구되는 것은 정보가 행과 열(이름, 주소, 전화번호 등의 목록과 유사하게)로 정렬될 수 있어야만 한다는 것이다. 대학의 예를 들면 개념 설정에 도움이 될 것이다. 대학의 데이터베이스를 매우 단순한 시각으로 보면, 대학 행정의 각 일면은 단일 부서의 송장에 정보를 포함하는 테이블(표)에 의해 표현될 것이다. 예를 들면, 입학 부서는 학생들을 ID번호, 이름, 학과에 의해 추적한다. 인사 부서는 직원들을 교육하는데 있어 부서, 직급, 이름, 신분증번호 등을 보유한다. 다음은 관계 도표의 예시이다.

> 관계형 데이터베이스는 다양한 테이블을 이용하여 정보를 저장하고, 컴퓨터 내에서 링크를 통해 그것들을 서로 연결한다.

입학 부서
학생

ID	성	이름	전공
7016639	Morgan	George	영어
0010534	Deal	Sue	수학
9105977	Conrad	Mark	역사
2053021	McDowell	Tina	화학
4344891	Gomez	David	생물학
0355703	Frear	Robert	영어
9470825	Whitney	Pam	불어
3171386	Smith	Steven	생물학
8200461	Heinz	Judith	영어

인사 부서
직원

전공	계급	이름	성
영어	부교수	Register	Chris
생물학	조교수	Cohn	Denise
수학	정교수	York	Carla
화학	조교수	Sawyer	John
불어	강사	Durham	Paul
영어	정교수	Syng	Kim
화학	정교수	France	Henry
역사	강사	Preston	Lydia
생물학	부교수	Kelly	Susan

재정 부서
교실

건물	방	학과	부문
Thomson	210	역사	2943
Seeley	34	영어	2107
Douglas	308	화학	3376
Wright	15	불어	5601
Douglas	112	생물학	3641
Douglas	225	수학	4603
Thompson	120	영어	5864
Wright	31	생물학	3780
Thompson	233	영어	1885

등록 부서
등록

부문	ID
5601	9105977
3376	2053021
2107	7016639
4603	3171386
3780	4344891
1885	8200461
3641	0010534
1885	9470825
2943	8200461

표 2 : 관계도표

서로 떨어진 채로 있을 때 이러한 표들은 단지 단순히 전산화된 파일 시스템일 뿐이다. 그러나 서로 결합되면 그것들은 다른 모든 것들에 의해 유지되는 정보로의 접근을 제공하는 각각의 테이블이 된다. 이러한 융통성은 둘 또는 그 이상의 열(column)을 고의적으로 복제함으로써 생기는 것으로써 결과적으로 공통의 키(common key)라 불리는 도구(tool)를 산출한다. 예를 들면, 만일 학생들에 대한 정보를 포함하고 있는 두 개의 테이블이 학생들의 ID번호를 포함한 열을 가지고 있다면, 이 숫자는 어떤 학생들에게도 적용할 수 있는 정보를 포함하고 있는 각 테이블에 있는 행을 발견하는데 사용될 수 있다.

테이블에 있는 각 열은 하나의 데이터 속성, 혹은 테이블의 주제의 특성에 대해 나타낸다. 예를 들면, 열은 학생들의 ID 번호나 각 교수들의 부서를 포함하고 있을 수도 있다.

테이블에 있는 각 행, 또는 레코드는 하나의 기재사항에 대한 모든 정보를 포함하고 있다. 한 학생의 경우 레코드에는 ID번호에 개인의 성과 이름 그리고 전공 등이 부가될 수 있다.

이 름	직 책	부 서	ID번호	고 용 일
John Doe	Director	인사부	654321	01/07/87
Sune Jones	Manager	인사부	123456	30/09/88
Jane Brown	Supervisor	인사부	456123	03/03/97

속성(Attribute)
데이터 필드
레코드(record)

표 3 : 데이터 레코드의 예

행과 열에 속해있는 실현값(occurrence)은 관계형 데이터베이스 테이블의 기본 단위이다. 실현값은 한 레코드의 속성 가치를 포함한다. 어떤 경우에는 그 가치가 단어나 단어들을 이루는 문자열이고, 또 어떤 경우에는 학생들의 ID번호나 직책 같은 숫자들의 조합이다.

입학, 인사, 그리고 재정 부서에 있는 직원들은 모든 테이블에 흔히 있는 부서 속성을 통하여 상호간의 정보에 직접 접근할 수 있다. 마찬가지로 입학 부서나 등록 부서에 있는 테이블들은 학생들의 ID번호를 위한 ID속성에 의해 연결된다. 학적담당자나 재정 부서간의 관계는 과정의 하위분류를 특징짓는 세션에 의해 연결된다.

[연습 10]

여러분이 근무하고 있는 기록관리기관이 소장하는 기록물들의 정보에 대한 데이터베이스를 만든다고 가정하라. 여러분은 사용자가 어떤 주제에 대해 여러분의 기관이 가지고 있는 어떤 정보를 찾기 위해 데이터베이스를 검색할 수 있기를 바랄 것이다. 데이터베이스를 유용하게 만들기 위해 포함되어야 할 필요가 있는 필드 목록을 작성하라.(도움을 원하면, 여러분 기관에 있는 검색도구를 찾아보고 그 정보가 어떤 범주로 분류되어 있는지 알아 보라. 이러한 범주들이 데이터베이스에서 필드가 된다.)

데이터베이스 관리소프트웨어는 데이터베이스를 생성하고 조작하는데 사용한다. 데이터 접근 소프트웨어는 대개 데이터베이스를 검색하는데 사용된다. 데이터 접근소프트웨어는 데이터베이스의 구조와 세부사항을 이해한다. 이것은 사용자들이 메뉴, 키워드, 검색엔진, 질의어 혹은 자연어를 사용하여 사용자가 간단히 검색란에 들어가는 것을 의미한다.

> *메뉴:* 컴퓨터 시스템과 상호 작용하는 것을 돕기 위하여 사용자
> 들에게 주어지는 화면에 나타난 선택항목들의 집합.

데이터베이스 메뉴는 대부분의 소프트웨어에서 사용되는 메뉴들과 유사하다. 그것들은 전형적으로 사용자들이 메뉴의 첫 단계를 선택한 후에 두 번째 선택 항목이 나타나는 계층적인 구조로 정렬되어 있다.

키워드검색(keyword searching)은 주요 단어들을 사용하여 데이터베이스에 대한 접근을 허락한다.

> *키워드 검색엔진(Keyword search engine):* 특정 기록이나 문서들
> 을 규정짓는 색인어 입력에 의해 사용자들이 데이터베이스를 검색
> 할 수 있게 하는 프로그램.

키워드 검색엔진은 특히 WWW 같은 무료형태의 데이터베이스에 저장된 많은 문서들을 검색하는데 인기가 있다. 키워드 검색엔진을 사용하기 위해서는 사용자가 단어를 입력하고 검색엔진은 데이터베이스에서 그 단어나 관련정보가 있는 곳을 찾아낸다.

데이터베이스 내에 있는 정보를 빠르게 접근할 필요가 있을 때, 그것들은 대개 구조화된 데이터베이스 형태로 저장된다. 그러나 구조화된 데이터베이스 구조는 데이터베이스 내에 있는 레코드 형식을 알지 못하는 사용자들에게 문제를 일으킬 수 있다. 구조화된 데이터베이스검색을 돕는 한 가지 방법은 질의어의 사용을 기초로 '예에 의한 질문(query by example)' 즉 사용자와의 접점을 제공하는 것이다.

질의어(Query language): 데이터베이스를 생성하고, 정보를 찾고, 레코드를 정렬하고, 이들 레코드에 있는 데이터를 바꿀 수 있게 컴퓨터를 제어하는데 사용될 수 있는 명령어들의 집합

질의어는 SQL(Structured Query Language)이라고 한다. 질의어의 사용은 적합한 질의 구문을 작성할 수 있게 해주는 명령어, 문법 혹은 구문에 대한 지식에 근거하고 있다. 예를 들어, 레코드를 찾는 SQL 명령어는 SELECT이다. WHERE은 그 테이블의 특정한 행만 나타나도록 지정하는데 사용된다. 예 : SELECT employee ID no from employee statistics table WHERE position = 'Manager'

보다 복잡한 시스템에서는 질의어를 영어, 프랑스어, 일본어 등과 같은 자연어(natural language)로 만들 수 있다. 자연어를 사용하기 위해 사용자는 질의어를 배울 필요가 없다. 다음과 같은 직접적인 질문이 가능하다. '데이터보존협회에서 2차대전에 대한 어떤 기록이 이용 가능한가?' 이런 형태의 검색은 비록 그 예의 사용이 급속히 퍼져나가고는 있지만 여전히 개발중에 있다.

> *사용자들은 다양한 질의어를 사용하여 데이터베이스에 질문을 할 수 있다. 다양한 질의어는 컴퓨터가 결과를 제공하고 작업을 수행할 수 있도록 질문을 구성한다.*

2. 컴퓨터를 이용한 통신

전자메일을 통하여 통신을 하는 것은 전화나 팩스를 사용한 통신만큼이나 중요시되어가고 있다. 그리고 사무자동화 시스템의 중요한 구성요소를 형성한다.

전자메일은 Microsoft Outlook Express, Eudora, elm, pine 등과 같은 다양한 소프트웨어 프로그램으로 쓸 수 있다. 메시지 작성자는 전자메일 소프트웨어 편집기로 메시지 파일을 만든다. 완성되면 그 메시지는 전자메일 수령자의 메일박스에 배달하는 책임을 지도록 되어있는 메시지 전송시스템으로 송신된다.

메시지를 받아서 읽기 위해서 메일을 받는 사람은 메시지 오는 것을 검색하고 메시지가 파일화되고 목록화되고 전달되거나 답장할 수 있도록 하는 소프트웨어 프로그램을 구동한다. 대개 하나의 사용자 인터페이스 프로그램이 지역이나 전세계에 메시지를 주고받는데 사용된다. 사용자들은 답장을 하기 위해 동일한 전자메일 프로그램을 사용할 필요는 없다. 전자메일은 단순히 메시지로만 구성될 수도 있고, 또 워드프로세서 문서나 스프레드시트 같은 다양한 응용소프트웨어로 만들어진 파일들을 첨부하여 보낼 수 있다.

> 전자메일은 컴퓨터 네트워크를 사용하여 메시지를 전자적으로
> 소통하는 방법의 하나이다.

전자메일 발송능력은 ISP(Internet Service Provider; 인터넷 서비스 제공자), 모뎀, 혹은 큰 대학·정부·회사 네트워크와의 연결 등의 여건에 달려있다. 대규모 네트워크에 연결되려면 사용자들이 컴퓨터에 네트워크 카드나 케이블을 갖고 있어야 한다. 다양한 네트워킹 표준이 있는데 그 중 가장 흔한 것이 '이더넷(ethernet)' 이다.

개방 네트워크는 사용자들이 내부적으로는 같은 조직 내에 있는 동료에게 그리고 외부적으로는 인터넷을 통하여 전자메일을 보낼 수 있게 해준다. 어떤 기관에서는 전 세계에 있는 자기 기관 직원들에게만 전자메일을 보낼 수 있고 조직 외부로는 보낼 수 없는 개별적인

네트워크를 가지고 있기도 한다.

네트워크 관리자 혹은 ISP는 사용자들에게 전자메일 주소를 제공할 것이다. 이것은 대개 xxx@yyy.zzz 같은 형태이다. @ 앞에 있는 주소의 첫 부분은 사용자 개개인의 이름이나 신청자이다. 주소의 두 번째 부분은 최소 두 개의 부분(때로는 그 이상)으로 나누어진다. 각 부분은 마침표로 분리한다. 주소의 이 부분은 사용자들이 작업하는 회사나 대학 혹은 그들이 사용하는 ISP 혹은 사용자들이 근거로 하고 있는 나라를 나타낸다.

예를 들면, 한 사용자가 America-Online에 있다면 auser@aol.com과 같은 주소를 갖게 될 것이다. 사용자가 British University College London에 있다면 zzz999@ucl.ac.uk와 같은 전자메일 주소를 갖게 될지도 모른다. 사용자는 대학에서 'zzz999'라는 코드를 부여받은 것이다. 주소의 나머지 부분에서 'ucl'은 University College London을 나타내고 'ac'는 대학기관을 나타내고 'uk'는 영국에 근거를 두고 있음을 나타낸다. .com .org .co.uk 등 다양한 유형의 전자메일 주소가 있다.

다음 그림은 첨부파일을 포함한 MicroSoft Qutlook Express 메일 소프트웨어를 사용하여 받은 전자메일 메시지의 예이다.

[연습 11]

여러분 기관은 전자메일을 사용하는가? 무슨 목적으로 사용하는가? 어떤 종류의 정보를 전자메일을 사용하여 보내는가? 누가 전자메일 시스템에 접속하는가?

Header information   Message text

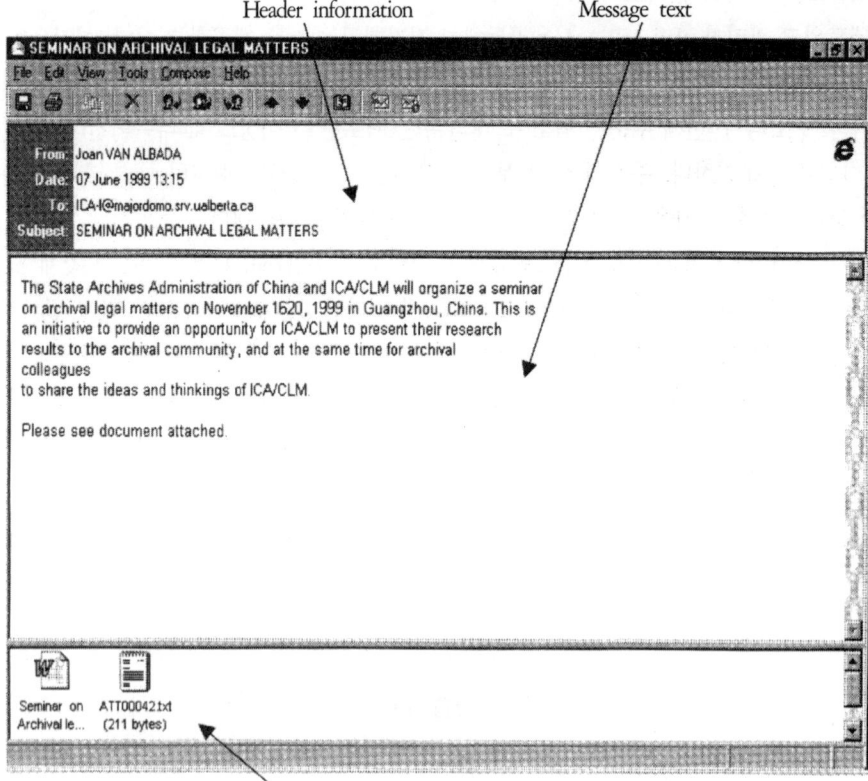

The State Archives Administration of China and ICA/CLM will organize a seminar on archival legal matters on November 1620, 1999 in Guangzhou, China. This is an initiative to provide an opportunity for ICA/CLM to present their research results to the archival community, and at the same time for archival colleagues
to share the ideas and thinkings of ICA/CLM.

Please see document attached.

Attached Documents

그림4 : 전자메일 메시지의 예

요약

이 과는 데이터베이스와 전자커뮤니케이션의 작동방법과 연관된 주요 개념을 점검함으로써 학생들에게 특별하게 이용되는 두 개의 응용프로그램, 즉 데이터베이스와 전자메일에 대해 검토해 보았다.

연습문제

1. 데이터베이스란 무엇인가?
2. 데이터 필드란 무엇인가?
3. 데이터베이스 레코드란 무엇인가?
4. 데이터베이스에 정보를 저장하는 가치를 설명하라.
5. 관계형 데이터베이스란 무엇인가?
6. 질의어의 개념은 무엇인가?
7. 전자메일이란 무엇인가?
8. 전자메일은 어떻게 작동하는지 짧게 설명하라.

연습: 조언

연습 9

데이터베이스는 정보, 이름, 주소, 장비 목록관리 등 광범위하게 사용될 수 있다. 양을 재거나 조직화할 수 있는 정보는 어느 정보이건 데이터베이스에서 관리될 수 있다. 그러나 데이터베이스를 개발하는데는 시간이 걸리므로 그것이 기관에 유용할 때에만 이 기술을 사용하는 것이 중요하다.

연습 10

여러분은 여러분이 속해있는 기록관리기관의 소장물에 대한 정보를 이용 가능하도록 하기 위해 다음과 같은 필드를 데이터베이스에 입력시킬 수 있다.

1. 각 컴퓨터 레코드에 대한 고유 ID 번호
2. 기술된 기록의 제목
3. 새로운 부서, 기관, 개인의 이름
4. 기록물의 시작일
5. 기록물의 종료일
6. 날짜에 대한 부가정보
7. 기록물의 양을 나타내는 길이
8. 접근 제한에 관한 정보
9. 관련자료에 대한 정보
10. 기록물생산자에 대한 관리 역사나 선기
11. 기록물에 대한 물리적인 기술(어떤 매체 또는 형태로 되어 있는지)
12. 기록물의 범위나 내용에 대한 전반적인 실명
13. 검색을 위한 키워드나 접근점
14. 컴퓨터에서 정보가 갱신된 날짜
15. 컴퓨터 입력을 갱신하는 책임을 가진 사람의 이름이나 약자

여러분은 이런 데이터 필드에 대해 생각해보지 않았을지도 모른다. 데이터베이스 작업을 할 때 같은 정보를 가지고 있는 다른 필드와 함께 검색되고 분류될 수 있게 하기 위하여

분리된 정보 조각을 각각 하나의 필드로 나누는 것은 중요하다. 예를 들어, 만일 여러분이 한 필드에 데이터를 입력한 사람의 이름(15)과 정보가 입력된 날(14)을 함께 입력한다면 여러분은 이름과 날짜에 의한 분류를 할 수 없을 것이다. 컴퓨터는 한 라인이나 필드에 있는 그러한 정보 조각들을 구별할 수가 없다. 그것들을 분리시킴으로써 여러분은 이름과 날짜를 각각 검색하는 것이 가능할 것이다. 많은 데이터베이스에서 여러분은 검색을 조합할 수 있고 또 이를 통해 훨씬 더 복잡한 연구를 수행할 수 있다. 예를 들면, 어떤 사람이 이 데이터베이스에 접근해서 농림부에 의해 만들어진(3) 1940년 이후에 시작해서(4) 1950년 전에 끝난(5) 모든 기록들을 요구할 수도 있다. 그러한 검색은 워드프로세서 문서에서는 불가능한 것이다.

자동 검색시스템에 관한 문제는 『기록관리전산화(Automating Record and Archives Services)』에서 좀더 상세히 논의되었다.

연습 11

이 연습은 여러분이 전자 데이터를 생산하고 관리하는 문제에 대하여 생각해보도록 돕는다. 여러분이 여러분 조직내의 전자메일시스템에 대하여 가능한 한 많이 배우고 또 이 정보를 기억해 두면 이것에 대해 연구하고 또 이 교육프로그램의 다른 컴퓨터관련 모듈을 공부할 때 유용하다.

다음에는 무엇을 할 것인가?

  기록관리자를 위한 전산시스템 『Understanding Computers : An Overview for Records and Archives Staff(기록보존기관 직원을 위한 개요)』은 기록관리기관의 직원들이 컴퓨터에 관한 몇몇 기본 개념에 익숙해지도록 하기 위해 쓰여졌다. 뿐만 아니라, 이 모듈은 사람들이 점점 더 자주 정보기술 전문가와 작업하면서 마주치게 될 주요 단어들을 설명하고 있다. 이 모듈은 중요한 학술용어를 소개하고 정의를 제공하며, 어떻게 그 개념이 기록관리업무에 영향을 끼칠 수 있는가를 설명한다. 이 모듈은 입문수준에서 정보를 제시하는 것이지 컴퓨터화에 대한 완벽한 논의라고 생각해서는 안된다

1. 행동을 위한 우선순위 결정

  이 모듈은 컴퓨터에 대한 기본적인 정보를 소개했다. 일단 여러분이 이러한 개념들을 이해한다면 다음 단계는 무엇을 할 것인가를 생각하는 것이다. 이것은 전산화에 대한 기본적인 모듈이기 때문에 여러분은 학생으로서 또는 기관의 대표로서 여러분에게 최선이 되는 행동과정을 선택해야 할 필요가 있다. 주제에 대해서 계속하여 더 읽을 것인지, 교육프로그램의 관련모듈을 계속하여 학습할 것인지 결정해야 할 것이다. 각 기관은 그들의 관리환경 그리고 장·단기 계획에 의거하여 다양한 의사결정을 할 것이다. 그러나 기관이 컴퓨터 요구에 대한 이해를 돕기 위하여 수행할 수 있는 몇몇 추천 방안을 제공하는 것도 가능하다. 아래의 연습들을 실천하고, 제시된 제안들을 생각해 보라.

우선순위 1 : 동료나 친구들과 컴퓨터에 대해 토론하기

컴퓨터에 대해서 여러분 동료 및 친구 또는 그 분야에 있는 누군가와 토론할 기회를 가져라. 여러분은 다른 사람들과 주제를 검토함으로써 이로운 점을 얻을 수 있다. 비록 그들의 견해가 때로 여러분을 혼란에 빠뜨릴 수 있지만, 정확해 보이는 주제는 사실 매우 복잡하고 상당한 사고를 요하는 만큼 가능한 한 많은 질문을 하는 것이 중요하다.

우선순위 2 : 컴퓨터 활용 연습

만일 여러분이 컴퓨터에 접속했다면, 가능한 많이 활용하는 연습을 하라. 여러분은 아마 다른 것들에 대해 배우려고 애쓰면서 몇몇 기능들에 익숙해질 수도 있다. 여러분은 아마 어떻게 타이프를 해야 하는지 모를 수도 있다. 어떻게 하면 키보드를 편안하게 사용할 수 있을지 한가한 시간을 이용하여 배우라. 만일 여러분이 데이터베이스나 인터넷에 접근했다면 그것들이 어떻게 작동하는지에 대해 좀 더 많이 배울 수 있을 때마다 그것들로 작업을 해보라. 그렇지만, 여러분은 곧 정보 과부하(Information Overload)로 고생할 수 있다는 것을 명심하라. 다른 모듈을 읽거나 다른 작업을 해봄으로써 여러분의 컴퓨터 작업이 확실하게 균형이 이루도록 해라.

우선순위 3 : 훈련과정 참여하기

가능하다면, 훈련과정, 워크샵, 컴퓨터 관련 세미나에 참여하도록 노력하라. 아마 여러분의 조직은 사내 훈련을 제공하거나 혹은 지방 대학이나 기관은 컴퓨터 교육과정을 제공할 것이다. 여러분이 할 수 있는 한 최대한 많이 공부하도록 노력하라. 그러나 여러분의 매일매일의 업무에서 여러분이 활용할 수 있고 연습할 수 있는 그러한 기술을 배우는 것에 초점을 맞추는 것이 현명하다는 것을 기억하라. 여러분이 그것을 규칙적으로 실습하지 않으면 컴퓨터 기술을 배우고 기억하는 것은 어렵다.

우선순위 4 : MPSR 학습 프로그램에서 관련 모듈 배우기

이 모듈은 여러분에게 컴퓨터에 대한 기본 개념들을 소개했다. 두 개의 관련 모듈 『기록관리전산화』 및 『전자기록물관리』를 읽으면 유용할 것이다. 여러분이 그 모듈들을 가지고 학습하는 동안 이 모듈을 가까이에 두고 필요할 때마다 기본 정보를 다시 볼 수 있도록 하라. 처음에 논의된 모든 문제들을 여러분이 완전하게 이해하지 못했을 수도 있다. 이 모든 모듈들을 천천히 그리고 주의 깊게 학습하여 제공된 정보를 충분히 습득하도록 하라.

2. 도움을 받을 수 있는 곳

많은 기관들은 컴퓨터화에 대한 정보에 대한 접근이 상당히 제한되어 있다. 특히 한정된 자원을 가진 나라에서는 더욱 그러하다. 그러나 도움을 구하거나 보다 많은 정보를 얻을 수 있는 곳들이 있다. 다음에 열거된 기관들은 도움을 위해 접촉할 수 있는 곳이다.

기록관리 일반과 관련된 다른 조직이나 협회에 관한 정보에 대해서는 『기록관리 참고문헌(Additional Resources)』을 보라.

국제기관

Commonwealth Network of Information Technology for Development(COMNET-IT)

Gattart House

National Road

Blata I-Bajda

HMR 02, Malta

Tel: +356 2599 2186 or +356 234710

Fax: +356 2599 2701

E-mail: comnet@magnet.mt

Web site: http://www.comnet.mt

COMNET-IT은 말타의 복지국과 정부가 지원하는 국제재단이다. 지역세미나 및 국내세미나, 워크샵을 통해 지식과 아이디어를 교환할 수 있는 포럼, COMET-IT FORM, 데이터베이스 접근, 토론그룹 등을 회원들에게 제공하고 있다.

International Federation for Information Processing(IFIP)

Secretariat

Hofstrasse 3

A-2361 Laxenburg

Austria

Tel: +43 2236 73616

Fax: +43 2236 736 169

E-mail : ifip@ifip.or.at

Web site: http://www.ifip.or.at/

IFIP는 UNESCO 후원 하에 1960년에 공식적으로 출범하였다. 정보처리분야에서 일하는 전국적인 협회를 위한 산하조직으로 비정부, 비영리조직이다. IFIP의 목표는 정보과학 및 기술촉진, 정보처리분야의 국제협력 증진, 연구촉진, 과학 및 인간활동에서 정보처리의 개발과 응용, 정보처리에 관한 정보교환 및 정보확산, 정보처리 교육증진 등이다.

국가 기관

The American Society for Information Science(ASIS)

8720 Georgia Avenue, Suite 501

Silver Spring, MD

20910, US

Tel: +1 301 495 0900

Fax: +1 301 495 0810

E-mail: asis@asis.org

Website: http://www.asis.org

ASIS는 공통의 문제에 대한 새로운 해결방식에 어떠한 다른 접근방식이 있을 수 있는지에 초점을 두면서 지식의 다양한 흐름을 한 데 모으는 역할을 한다. ASIS는 학제간의 간격은 물론 추진연구와 새로운 개발을 받쳐주는 실무간의 갭을 연결해 준다. ASIS는 컴퓨터과학, 언어학, 경영, 사서학, 공학, 법률, 의학, 화학 교육 등의 분야에 종사하는 정보 전문가 4000명이 회원으로 가입되어 있다. 이들은 사회가 영구기록을 보존, 검색, 분석, 관리하는 방법을 개선하기 위해 공통관심을 가지고 있고 정보를 확산시키는 사람들이다.

Association for Computing Machinery(ACM)

One Astor Plaza(Headquarters)

1515 Broadway

New York, NY

10036, US

Tel: +1 212 869 7440

Fax: +1 212 944 1318

E-mail: ACMHELP@acm.org

Web site: http://info.acm.org

ACM은 세계에서 가장 오래되고 가장 큰 교육 및 과학 컴퓨터협회이다. 1947년 이후로 ACM은 정보, 아이디어, 발견물 등의 교환을 위해 중요한 포럼을 제공해 왔다. 오늘날 ACM 은 100개 이상의 국가에서 산업계, 학계, 정부 모든 분야의 컴퓨터 전문가 80000명 이상이 회원으로 가입되어 있다.

British Computer Society

1 Sanford Street

Swindon, Wiltshire

SN1 1HJ, UK

Tel: +44 01793 417417

Fax: +44 01793 480270

E-mail bcshq@hq.bcs.org.uk

Web site: http://www.bcs.org.uk

British Computer Society는 정보 시스템 엔지니어링 분야를 위해 특허를 받은 유일한 전문 직 기구이다. 개인실무자, 고용주, 일반대중을 포함하여 정보과학 커뮤니티에게 서비스를 제공하고 지원한다.

Institute of Electrical and Electronics Engineers, Computer Society(Headquaters)

1730 Massachusetts Avenue, NW

Washington, DC

20036-1922, US

(Branch offices: Europe and Asia/Pacific)

Tel: +1 202 371 0101

Fax: +1 202 728 9614

E-mail: membership@computer.org

Web site: http://www.computer.org/

IEEE Computer Society는 컴퓨터 전문직의 조직으로, 세계적으로 지도적인 역할을 하고 있다. 이 협회는 회원들간에 정보, 아이디어, 기술혁신 등의 적극적인 교환을 촉진한다.

[연습 13]

여러분의 기관이 위의 기관 중 어느 것이든 그에 대한 정보를 가지고 있는지 찾아 보라. 여러분의 기관은 출판물을 받고 있거나 회의 회합등에 참가하고 있는가? 혹은 이 들 그룹 중 어떤 그룹과 공동작업을 하고 있는가?

여러분의 의견으로는 여러분의 기관이 어떤 그룹과 맨 먼저 접촉을 고려해야 한다고 보는가? 그것을 추진함으로써 무엇을 기대할 수 있는가? 여러분이라면 어떤 식으로 생 산적인 관계를 구축해 나가겠는가?

---

3. 보충자료

이 모듈을 위한 정보는 출판물, 프레젠테이션, 지침서, 입문서 등 다양한 출처에서 나온 것이다. 특히 중요한 출처는 Parsons and Oja, Computer Concepts였다. 컴퓨터 기초에 관한 추가 정보는 아래의 출처에서 얻은 것이다. 중요한 출판물에는 *표를 해 두었다.

> *중요한 출판물, 기록물관리에 관한 보다 일반적인 출판물에 관해서는『기록관리 참고문헌(Additional Resources)』도 참조하라.*

Derfler, Frank and Les Freed. How Networks Work. How It Words Series. Emeryville, CA: QUE Corp, 1998.

Gralla, Preston and Mina Reimer. How Intranets Work. How It Works Series. Emeryville, CA: QUE Corp, 1996.

* IDG Book. ...for Dummies. Computer Book Series. Chicago, IL: IDG Books, various years.

Word for Dummies라 불리는 이 입문서 시리즈(Windows 95 for Dummies, PCs for Dummies and The Internet for Dummies)는 실제적인 예와 중요한 그림설명과 함께 분명한 언어로 컴퓨터를 설명한다. 더 많은 정보는 http://www.dummies.com.에서 볼 수 있다.

* Parsons, Jund Jamrich and Dan Oja. Computer Concepts. Cambridge, MA: course Technology, 1999.

White, Ron. How Computers Work. How It Works Series. Emeryville, CA:QUE Corp, 1998.

이 그림설명이 들어있는 컴퓨터 해부서는 컴퓨터 작업과 컴퓨터를 일상생활의 일부로 만들고 있는 선진기술에 대한 기본적이고 유용한 정보로 채워져 있다. 여기에는 독자를 컴퓨터 안으로 인도하는 업데이트된 CD-ROM이 들어있다.

[연습 14]

여러분의 기관에 있는 도서관과 자료실을 점검하라. 컴퓨터와 관련하여 어떤 책과 자료들이 있는가. 위에 열거된 것들 중에 소장하고 있는 것이 있는가? 그렇다면 두 세 개를 점검하고 여러분의 기관에서의 이용도와 가치를 평가하라. 소장하고 있는 것이 없다면 여러분의 도서관을 발전시키고 확장시키기 위해 가장 유용하다고 생각되는 출판물을 두 세 가지 지적하라. 현실적으로 어떻게 이 들 문헌을 구입할 수 있는지에 대해 계획을 세워 보라.

요약

이 과는 모듈『기록관리자를 위한 전산시스템』전체에 대해 개관을 했다. 그리고 나서 행동을 위해 어떻게 우선순위를 정할 것인지에 대하여 논하고 행동을 위한 주요한 우선순위는 다음과 같음을 제시하였다.

- 우선순위 1: 동료들과 컴퓨터에 관해 논하라.
- 우선순위 2: 컴퓨터를 사용하여 연습하라.
- 우선순위 3: 훈련과정에 참가하라.
- 우선순위 4: MPSR Study Programme에서 관련된 모듈을 학습하라.

그리고 나서 더 많은 정보를 찾는 방법과 기록문제와 관련하여 도움을 얻을 수 있는 방법을 개관하였다. 현행 기록관리에 관련된 가치있는 정보자원에 대한 논의로 결론을 맺었다.

학습문제

1. 컴퓨터 전문가가 적절한 자격을 가지고 있음을 확실히 하기 위해 그에게 질문할 수 있는 질문을 세 가지 들어 보라.
2. 이 과에 소개된 기관 중에서 여러분이 우선 접촉하려고 선택한 조직을 두 개 고르고 그 이유를 설명하라.
3. 이 과에 소개된 출판물 중에서 여러분이 추선 구입하려고 선택한 것을 두 개 고르고 그 이유를 설명하라.

연습: 조언

연습 12

각 기관은 자체적으로 기록관리의 면에서 그 발전단계를 달리할 것이다. 마찬가지로 모든 사람은 기록물과 관련하여 각각 다른 지식수준을 가지고 있다. 우선 주요한 자료를 공부하고 보다 복잡한 문헌을 읽거나 동료와 탐구해 들어가기 전에 주요한 원칙과 개념에 익숙해지는 것이 중요하다. 그러나 동료들과 접촉하고 다른 문헌과 접하는 것은 중요한 일이다. 전문가 협회에 참여하는 것은 여러분과 여러분 기관의 시야를 넓히는 방법 중의 하나이다.

연습 13

자원이 제한되어있다 하더라도 먼저 국제적인 기관과 접촉하는 것이 현명하다. 그들은 자주 전국적인 협회나 지역적인 협회로부터 정보를 수집하고 여과하는 역할을 하기 때문이다. 그렇게 함으로써 모두를 위해 자원을 축적하고 있는 국제적인 그룹을 통해 가치있는 정보가 여러분의 조직으로 전해질 수 있다. 또한 세분화된 출판물이나 정보를 얻기 전에 일반적인 정보에 초점을 두는 것이 바람직하다.

연습 14

초기의 활동과 관련하여 언급하였듯이, 일반정보로 시작을 하고 좋은 입문서들을 확보하고 여러분이 보다 세분된 도서를 개발하기 전에 출판물을 개관하는 것이 중요하다.

ㄱ~ㅂ

『기록관리자를 위한 전산시스템』

책임집필

킴벌리 바라타(Kimberly Barata)

킴벌리 바라타는 IRMT(International Records Management Trust)의 연구관이며 고문이다. 그녀는 전자기록의 전문가이며 가나, 말타 정부 및 동아프리카 협력위원회 사무국의 자문을 맡아왔다. 트러스트에 임용되기 이전에는 Archives and Museum Informatics(A&MI)의 영국 대표로 있었고 컬리지 런던 대학의 School of Library, Archive and Information Studies 선임연구원을 역임하였다. 킴벌리는 피츠버그 대학 정보과학 대학원을 졸업하였고 기록관리 프로젝트를 위한 기능적 필수요건에 관한 연구에도 참가하였다.

집필자

엘리자베스 복스(Elizabeth Box)

존 맥도널드(John McDonald)

로라 밀라(Laura Millar)

감수

테리 쿡 (전)캐나다 국립기록보존소

토니 레비스톤, 뉴 사우스 웨일즈 State Records Authority

검증기관

케냐 국립기록보존소

남아프리카 State Archives and Heraldic Services

기록관리자를 위한 전산시스템

옮긴이 남 성 운
감 수 한국국가기록연구원
펴낸이 조 현 수
펴낸곳 도서출판 진리탐구

초판 1쇄 인쇄 2002년 11월 20일
초판 1쇄 발행 2002년 11월 25일

주소 서울시 마포구 용강동 494-53 (121-876)
전화번호 02) 703-6943, 4
전송번호 02) 701-9352

출판등록일 1993년 11월 17일
출판등록번호 제 10-898호

ISBN 89-8485-047-0